U0504407

福建省服務海西重大研究項目、國家社科基金重大項目子課題

清代民初閩方言韻書整理及研究叢書

馬重奇◎主編

《建州八音字義便覽》

整理及研究

陳　芳◎編著

林端材◎原著

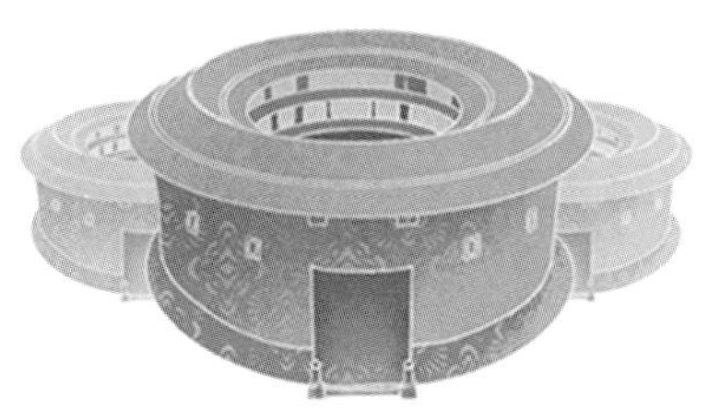

中国社会科学出版社

圖書在版編目（CIP）數據

《建州八音字義便覽》整理及研究／陳芳編著．—北京：中國社會科學出版社，2022.7

（清代民初閩方言韻書整理及研究叢書）

ISBN 978－7－5227－0453－1

Ⅰ.①建…　Ⅱ.①陳…　Ⅲ.①閩北話—韻書—研究　Ⅳ.①H177.1

中國版本圖書館 CIP 數據核字(2022)第 118046 號

出 版 人　趙劍英
責任編輯　張　林
特約編輯　張　虎
責任校對　周曉東
責任印製　戴　寬

出　　版　中国社会科学出版社
社　　址　北京鼓樓西大街甲 158 號
郵　　編　100720
網　　址　http://www.csspw.cn
發 行 部　010－84083685
門 市 部　010－84029450
經　　銷　新華書店及其他書店

印　　刷　北京明恒達印務有限公司
裝　　訂　廊坊市廣陽區廣增裝訂廠
版　　次　2022 年 7 月第 1 版
印　　次　2022 年 7 月第 1 次印刷

開　　本　710×1000　1/16
印　　張　19
插　　頁　2
字　　數　316 千字
定　　價　116.00 元

總　序

馬重奇

一　中國古代韻書源流與發展概述

古人把傳統語言學叫做“小學”。漢代稱文字學為“小學”，因兒童入小學先學文字，故名。隋唐以後，範圍擴大，成為“文字學”“音韻學”和“訓詁學”的總稱。至清末，章炳麟認為小學之名不確切，主張改稱“語言文字之學”。現在統稱為“漢語研究”。傳統的語言學以研究古代文獻和書面語為主。

漢語音韻學研究也有一個產生、發展、改革的過程。早在先秦兩漢時期就有關於字詞讀音的記載。主要有以下諸類：（1）譬況注音法：有急言、緩言、長言、短言、內言、外言等。它們都是大致描繪的發音方法，卻很難根據它準確地發出當時的音來，更無法根據它歸納出當時的音系。（2）直音法：隨著漢代經學的產生和發展，注釋家們在為先秦典籍下注解時開始使用“直音”法。這是以一個比較常用的字給另一個同音字注音的方法。直音法的優點是簡單明瞭，一看就懂，也克服了譬況注音法讀音不確的弊病，但自身也有很大局限性。（3）讀若，讀如：東漢許慎在《說文解字》中廣泛應用的“讀若”，就是從直音法發展而來的。“讀若”也叫“讀如”，主要用於注音。用讀若時，一般用一個常見的字進行解釋，有時常常引用一段熟悉的詩文，以該字在這段詩文中的讀音來注音。（4）反切法：真正的字音分析產生於東漢末年，以反切注音法的出現為標誌。反切就是利用雙聲、疊韻的方法，用兩個漢字來拼另一個字的讀音。這是古人在直音、讀若基礎上進一步創造出來的注音方法。反切是用兩個字拼合成另一個字的音，其反切上字與所切之字聲母相同，反切下字與所切之字韻母和聲調相同。即上字取聲，下字取韻和調。自從反切出現之後，古人注釋經籍字音，便以它為主要手段。編撰韻書，也大量使用反切。

四聲的發現與歸納，對韻書的產生與發展也起著極為重要的作用。據《南齊書・陸厥傳》記載：“永明末盛為文章，吳興沈約、陳郡謝朓、琅邪王融，以氣類相推轂。汝南周顒，善識聲韻。約等文皆用宮商，以平、上、去、入為四聲，以此制韻，不可增減，世呼為永明體。”《梁書・庾肩吾傳》：“齊永明中，文士王融、謝朓、沈約文章始用四聲，以為新變，至是轉拘聲韻，彌尚麗靡，複逾於往時。”四聲的發現與歸納以及反切注音法的廣泛應用，成為古代韻書得以產生的基礎條件。

古代韻書的出現，標誌著音韻學真正從注釋學中脫胎出來成為一門獨立的學科。據考證，我國最早的韻書是三國時魏國李登所撰的《聲類》。在隋朝陸法言《切韻》以前，就有許多韻書出現。據《切韻・序》中說：“呂靜《韻集》、夏侯詠《韻略》、陽休之《韻略》、周思言《音韻》、李季節《音譜》、杜台卿《韻略》等，各有乖互。”《隋書・經籍志》中也提到：《四聲韻林》二十八卷，張諒撰；《四聲韻略》十三卷，夏侯詠撰，等等。遺憾的是，這些韻書至今都蕩然無存，無法窺其真況。總之，韻書的製作到了南北朝的後期，已是空前鼎盛，進入“音韻鋒出”的時代。這些韻書的產生，為《切韻》的出現奠定了很好的基礎和條件。隋代出現的對後世影響最大的陸法言《切韻》則是早期漢語音韻學的集大成之作。爾後，唐宋時人紛紛在它的基礎上加以增補刊削，有的補充若干材料，分立一些韻部，有的增加字數，加詳注解，編為新的韻書。其中最著名的有唐王仁昫所撰的《刊謬補缺切韻》，孫愐所撰的《唐韻》，李舟所撰的《切韻》以及宋代官修的《廣韻》《集韻》等一系列韻書。這些韻書對韻的分析日趨精密，尤其是《廣韻》成為魏晉南北朝隋唐時期韻書的集大成著作。以上所介紹的韻書都是反映中古時期的韻書，它們在中國音韻學史上的貢獻是巨大的，影響也是非常深遠的。

唐末和尚守溫是我國古代最初使用字母來代表聲母的人。他按照雙聲字聲母讀音相同的原則，從所有漢字字音中歸納出三十個不同的聲母，並用漢字給它們一一標目，這就是《敦煌綴瑣》下輯錄守溫“三十字母”。這“三十字母”經過宋人的整理增益，成為後代通行的“三十六字母”。

唐宋三十六字母的產生導致了等韻學的產生和發展。等韻學是漢語音韻學的一個分科。它以漢語的聲韻調系統及其互相配合關係為研究對像，而以編制等韻圖作為表現其語音系統的手段，從而探求漢語的發音原理和發音方法。宋元時期的重要等韻圖大致可以分為兩大類：第一類是反映《切韻》音系的韻圖，如南宋福建福州人張麟之刊行的宋佚名的《韻鏡》，福建莆田人鄭樵撰的《七音略》，都是根據《切韻》中的小韻列為 43 圖，每個小韻的代表字在韻圖中各佔有一個位置；第二類是按當時的實際語音對《切韻》語音系統進行了調整，如託名宋司馬光的《切韻指掌圖》，佚名的《四聲等子》，元劉鑒的《經史正音切韻指南》，均不再按韻書中的小韻列圖，只列 20 個韻圖或 24 個韻圖。

明清時期的等韻學與宋元等韻學一脈相承，其理論基礎、基本原則和研究手段都是從宋元等韻學發展而來，二者聯繫密切。然而，明清時期的韻圖，已逐漸改變了宋元時期韻圖的型制。其表現為兩個方面：一則由於受到理學思想以及外來語音學原理對等韻的影響；二則由於語音的不斷發展變化影響到韻圖編制的內容和格式。根據李新魁《漢語音韻學》考證，明清時期的韻圖可以分為五種類型：一是以反映明清時代的讀書音系統為主的韻圖，它們略帶保守性，保存前代的語音特點較多。如：明袁子讓《字學元元》、葉秉敬《韻表》、無名氏《韻法直圖》、李嘉紹《韻法橫圖》、章黼《韻學集成》和清李光地、王蘭生《音韻闡微韻譜》，樊騰鳳《五方母音》等。二是以表現當時口語的標準音——中原地區共同語標準音為主，它們比較接近現代共同語的語音。如：明桑紹良《青郊雜著》、呂坤《交泰韻》、喬中和《元韻譜》、方以智《切韻聲原》和無名氏《字母切韻要法》等。三是在表現共同語音的基礎上，加上“音有定數定位”的觀念，在實際的音類之外，添上一些讀音的虛位，表現了統包各類讀音的“語音骨架”。如：明末清初馬自援《等音》、清林本裕《聲位》、趙紹箕《拙庵韻語》、潘耒《類音》、勞乃宣《等韻一得》等。四是表現各地方音的韻圖，有的反映北方話的讀法。如：明徐孝《重司馬溫公等韻圖經》、明代來華傳教的法國人金尼閣（Nicolas Trigault）《西儒耳目資》、張祥晉《七音譜》等；有的顯示南方方言的語音，如：陸稼書《等韻便讀》、清吳烺《五聲反切正韻》、程定謨《射聲小譜》、晉安《戚林八音》、黃謙《彙音妙悟》、廖綸璣《拍掌知音》、無名氏《擊掌知音》、謝秀嵐《雅俗通十五音》、張世珍《潮聲十五音》等。五是表現宋元時期韻書的音系的，它們是屬於“述古”的韻圖。如：無名氏《等韻切音指南》、江永《四聲切韻表》、龐大堃《等韻輯略》、梁僧寶《切韻求蒙》等①。

古音學研究也是漢語音韻學研究中的一個重要內容。它主要是研究周秦兩漢語音系統的學問。嚴格地說是研究以《詩經》為代表的上古語音系統的學問。我國早在漢代就有人談到古音。但古音學的真正建立是從宋代開始的。吳棫撰《韻補》，創“古韻通轉”之說；程迥著《古韻通式》，主張“三聲通用，雙聲互轉”；鄭庠撰《古音辨》，分古韻為六部。明代陳第（福建連江人）撰《毛詩古音考·序》提出“時有古今，地有南北，字有更革，音有轉移”的理論，為清代古音學的建立奠定了理論基礎。到了清代，古音學達到全盛時期。主要的古音學家和著作有：顧炎武《音學五書》、江永《古韻標準》、戴震《聲韻考》和《聲類表》、段玉裁《六書音韻表》、孔廣森《詩聲類》、王念孫《合韻譜》、嚴可均《說文聲類》、江有誥《音學十書》、朱駿聲《說文通訓定聲》等。

音韻學還有一個分支，那就是“北音學”。北音學主要研究以元曲和《中原音韻》為代表的近代北方話語音系統。有關北音的韻書還有元人朱宗文的《蒙古字韻》、卓從之的《中州樂府音韻匯通》，明人朱權的《瓊林雅韻》、無名氏的《菉斐軒詞林要韻》、王文璧的《中州音韻》、范善臻的《中州全韻》，清人王鵕的《中州全韻輯要》、沈乘麐的《曲韻驪珠》、周昂的《增訂中州全韻》等。

二　福建近代音韻學研究概述

從永嘉之亂前至明清，中原人士陸續入閩定居，帶來了許多中原的文化。宋南渡之後，大批北方著名人士蜂擁而來，也有不少閩人北上訪學，也將中原文化帶回閩地。如理學開創者周敦頤、張載、程顥、程頤、邵雍等都在北方中原一帶，不少閩人投其門下，深受其影響。如崇安人遊酢、

① 李新魁：《漢語等韻學》，中華書局2004年版。

將樂人楊時曾受業于二程。他們返回閩地後大力傳播理學，後被南宋朱熹改造發揚為“閩學”。

自宋迄清時期，福建在政治、思想、文化、經濟等均得到迅速發展。就古代“小學”（包括音韻、文字、訓詁）而言，就湧現出許許多多的專家和著作。宋朝時期，福建音韻學研究成果很多。如北宋邵武黃伯思的《古文韻》，永泰黃邦俊的《纂韻譜》，武夷山吳棫的《韻補》《毛詩補音》《楚辭釋音》，莆田鄭樵的《七音略》；南宋建陽蔡淵的《古易叶音》，泉州陳知柔的《詩聲譜》，莆田劉孟容的《修校韻略》，福州張鱗之刊行的《韻鏡》等。元明時期音韻學研究成果也不少，如元朝邵武黃公紹的《古今韻會》，邵武熊忠的《古今韻會舉要》《禮部韻略七音三十六母通考》；明朝連江陳第的《毛詩古音考》《屈宋古音義》《讀詩拙言》，晉江黃景昉的《疊韻譜》，林霍的《雙聲譜》，福清林茂槐的《音韻訂訛》等。清代音韻學研究成果十分豐碩。如安溪李光地的《欽定音韻闡微》《音韻闡微韻譜》《榕村韻書》《韻箋》《等韻便覽》《等韻辨疑》《字音圖說》，閩侯潘逢禧的《正音通俗表》，曹雲從的《字韻同音辨解》，光澤高澍然的《詩音十五卷》，閩侯陳壽祺的《越語古音證》，閩侯方邁的《古今通韻輯要》，晉江富中炎的《韻法指南》《等韻》，惠安孫經世的《韻學溯源》《詩韻訂》，王之珂的《占畢韻學》等。

以上韻書涉及上古音、中古音、近代音、等韻學，為我國漢語音韻學史作出了巨大貢獻，影響也是很大的。

三　閩台方言韻書說略

明清時期的方言學家們根據福建不同方言區的語音系統，編撰出許許多多的便於廣大民眾學習的方言韻書。有閩東方言韻書、閩北方言韻書、閩南方言韻書、潮汕方言韻書、臺灣閩南方言韻書以及外國傳教士編撰的方言字典、詞典等。

閩東方言韻書有：明末福州戚繼光編的《戚參軍八音字義便覽》（明末）、福州林碧山的《珠玉同聲》（清初）、晉安彙集的《戚林八音》（1749）、古田鐘德明的《加訂美全八音》（1906），福安陸求藻《安腔八音》（十八世紀末）、鄭宜光《簡易識字七音字彙》（清末民初）等。

閩北方言韻書有：政和明正德年間陳相手抄本《六音字典》（1515）和清朝光緒年間陳家箎手抄本《六音字典》（1894）；建甌林瑞材的《建州八音字義便覽》（1795）等。

閩南方言韻書有：連陽廖綸璣的《拍掌知音》（康熙年間）、泉州黃謙的《彙音妙悟》（1800，泉州音）、漳州謝秀嵐的《彙集雅俗通十五音》（1818）、無名氏的《增補彙音》（1820）、長泰無名氏的《渡江書十五音》（不詳）、葉開恩的《八音定訣》（1894）、無名氏《擊掌知音》（不詳，兼漳泉二腔）。

潮汕方言韻書有：張世珍的《潮聲十五音》（1907）、江夏懋亭氏的《擊木知音》（全名《彙集雅俗十五音全本》，1915）、蔣儒林《潮語十五音》（1921）、潮安蕭雲屏編的《潮語十五音》（1923）、潘載和《潮汕檢音字表》（1933）、澄海姚弗如改編的《潮聲十七音》（1934）、劉繹如改編的《潮聲十八音》（1936）、鳴平編著肅穆改編《潮汕十五音》（1938）、李新魁的《新編潮汕方言十八音》（1975）等。

大陸閩方言韻書對臺灣產生重大影響。臺灣語言學家們模仿大陸閩方言韻書的內容和形式，結合臺灣閩南方言概況編撰新的十五音。反映臺灣閩南方言的韻書主要有：臺灣現存最早的方言韻書為臺灣總督府民政局學務部編撰的《臺灣十五音字母詳解》（1895，臺灣）和《訂正臺灣十五音字母詳解》（1901，臺灣）等。

以上論著均為反映閩方言的韻書和辭書。其數目之多可以說居全國首位。其種類多的原因，與閩方言特別複雜有著直接的關係。

四　閩方言主要韻書的整理及其研究

福建師範大學漢語言文字學專業是2000年國務院學位委員會審批的二級學科博士學位授權點，也是2008年福建省第三批省級重點學科。2009年，該學科學科帶頭人馬重奇教授主持了福建省服務海西重大研究項目“海峽西岸瀕危語言學文獻及資料的挖掘、整理與研究”。經過多年的收集、整理和研究，擬分為兩個專題組織出版：一是由馬重奇教授主編的“清代民初閩方言韻書整理及研究”叢書；二是由林志強教授主編的

“閩籍學者的文字學著作研究”叢書。2010年馬重奇教授又主持了國家社科基金重大招标項目“海峽兩岸閩南方言動態比較研究”，也把閩方言韻書整理与研究作為子課題之一。

“清代民初閩方言韻書整理及研究”叢書的目錄如下：1.《〈增補彙音妙悟〉〈拍掌知音〉整理及研究》；2.《〈彙集雅俗通十五音〉整理及研究》；3.《〈增補彙音〉整理及研究》；4.《〈渡江書十五音〉整理及研究》；5.《〈八音定訣〉整理及研究》；6.《〈潮聲十五音〉整理及研究》；7.《〈潮語十五音〉整理及研究》；8.《〈潮聲十七音〉整理及研究》；9.《〈擊木知音〉整理及研究》；10.《〈安腔八音〉整理及研究》；11.《〈加訂美全八音〉整理及研究》；12.《〈建州八音字義便覽〉整理及研究》。

關於每部韻書的整理，我們的原則是：

1. 每本新編閩方言韻書，均根據相關的古版本以及學術界相關的研究成果進行校勘和校正。

2. 每本方言韻書均以原韻書為底本進行整理，凡韻書編排較亂者，根據韻字的音韻學地位重新編排。

3. 韻書有字有音而無釋義者，根據有關工具書補充字義。

4. 凡是錯字、錯句或錯段者，整理者直接改之。

5. 通過整理，以最好的閩方言韻書呈現於廣大讀者的面前，以滿足讀者和研究者學習的需要。

至於每部韻書的研究，我們的原則是：

1. 介紹每部韻書的作者、成書時間、時代背景、各種版本。

2. 介紹每部韻書在海內外學術界的研究動態。

3. 研究每部韻書的聲韻調系統，既做共時的比較也做歷時的比較，考證出音系、音值。

4. 考證出每部韻書的音系性質以及在中國方音史上的地位和影響。

“清代民初閩方言韻書整理及研究”叢書的順利出版，首先要感謝福建省人民政府對“福建省服務海西重大研究項目‘海峽西岸瀕危語言學文獻及資料的挖掘、整理與研究’”經費上的支持！我們還要特別感謝中國社會科學出版社張林編審的鼎立支持！感謝她為本套叢書的編輯、校對、出版所付出的辛勤勞動！

在本書撰寫過程中，著者們吸收了學術界許多研究成果，書後參考書目中已一一列出，這裡不再一一說明，在此一併表示感謝！然而，由於著者水準所限，書中的錯誤在所難免，望學術界的朋友們多加批評指正。

2021 年 5 月於福州倉山書香門第

目　　錄

《建州八音字義便覽》音系述略

清乾隆六十年（1795）秋，《建州八音字義便覽》刊行，簡稱《建州八音》或《八音》（以下簡稱《建州八音》）。學者普遍認為，《建州八音》反映了兩百多年前的建甌音（或以建甌話為代表的閩北方音）。黄典誠、李如龍、陳章太、潘渭水、張琨等都曾關注過《建州八音》音系。

《建州八音》由“玉融林端材正堅氏彙輯”，“玉融”即今福建福清的別稱，林端材的籍貫，沒有更多史料可以證實。林端材模仿福州方言韻書《戚參軍八音字義便覽》（以下简称《戚林八音》）的體例，編撰《建州八音》，定有 15 個聲母、34 個韻母、7 個聲調。而據建甌縣誌介紹，建甌方言有 15 個聲母、34 個韻母、6 個聲調。

一　關於建州

建甌早在東漢建安初年就已建縣——當時叫建安縣，唐時稱建州。宋紹興三十二年（1162）設建寧府（治所在建甌），轄建安、甌寧、崇安、建陽、松溪、政和、浦城等縣，使建甌成為閩北政治、經濟和文化的中心。閩北方言以建甌話為代表，不同于閩東、閩南方言。除了浦城縣部分的鄉鎮外，舊建寧府所轄其餘各縣以及順昌、南平鄰接建甌的一些鄉鎮，都說閩北方言。大約 200 萬人使用這種語言。

建甌方言以芝城鎮（城關）話為代表，城關話在全縣都能通行。但由於歷史上長期建安、甌寧两縣並立，加上東、西溪流的自然阻隔，形成了建甌方言的內部差異。建安話有東峰腔、小橋腔、南雅腔之別；甌寧話有吉陽腔、小松腔之別。①

二 《建州八音》的版本

李如龍先生在《建州八音》（懷古堂藏版）手抄本後介紹了此書的版本：

> 《建州八音》初版編於乾隆六十年（1795），二版是“道光庚寅（1830）桂月重鐫”的“懷古堂藏版”。初版我們只見過福建師大圖書館藏的校抄本，和二版比較只有個別字義解釋上的不大的差別。現在翻印的是據黃典誠先生收藏的“懷古堂藏版”校訂過的原版校抄本，除改動少數明顯的錯字外，按原樣刻印。據建甌縣民政局葉林同志所述，光緒三十年（1904）還有木刻第三版，1929 年則有傅文玉開設的“集義堂”重印的第四版，因為未見到各版原本，無法說明三、四版內容與初版二版有沒有不同。

我們主要參考的是《建州八音》乾隆六十年刻本，同時參考李如龍先生 1981 年翻印的校抄本。

三 《建州八音》的體例與內容

（一）編撰目的

林端材在序言中闡述了《建州八音》的編撰目的。

> 十三經，治世之書，而《爾雅》輿焉。其體詳於訓詁，蓋字學之權輿也。厥後如許氏之《說文》精于形象，沈氏之《四聲譜》妙於音韻，以及《洪武正韻》。國朝《康熙字典》薈萃群書，允稱翰府軌範。而求其易於齊民方言、將音覓字者則莫便於閩中戚公之《八

① 以上材料參見福建省情資料庫・建甌縣誌・方言，http：//www. fjsq. gov. cn/showtext. asp？ToBook＝3149&index＝1662&2014－－4－13。

音》、碧翁之《字義》。顧是書也，吾輩雖同志趨向，惜建屬地異語殊，難以習學省音。今特因其音韻，倣其體格，將原譜"春花香秋山開"三十六字母改為"時年穠梅兒黃"三十六字母，亦用以梓里鄉談彙成是集，俾得互忝便閱，不至傷於脱略。其以開字學捷徑，殆亦補《爾雅》所未備歟。至於三十六字母與夫一字調出上下各四聲，以及十五音韻，俱載《例言》，玆不及詳也是爲序。

讀解浩如煙海的古代典籍，要借助各種工具書。《爾雅》《説文》《洪武正韻》《康熙字典》等工具書，自然不可或缺。而地方字典，根據平民最熟悉的方音查找字義，自然最易推廣。

《戚林八音》是《戚參將八音字義便覽》與《太史林碧山先生珠玉同聲》兩部韻書的合訂本，是明清時代至二十世紀上半葉福建地區最為流行的方言韻書。目前所能見的也只有乾隆十四年（1749）福州人晉安彙輯的合訂本。由於《戚林八音》"編纂得法，通俗實用，便於人們循音查字、稽詞考義，進而學習切音之法與福州方言，幾乎成為閩東方言區舊時蒙館窗課的重要補充教材與普通人的案頭常備字典之一"①。

林端材認為，《戚林八音》最便於使用，只是閩東、閩北方言地異語殊，無法使用，於是模仿《戚林八音》體例，根據建州方音實際編撰《建州八音》，以便於建州人民查閱使用。

（二）凡例

1. 模仿《戚林八音》，定出十五聲、三十六字母和八音。

（1）聲。

十五音韻：柳邊求氣直坡他曾日時鶯問語出非。

（2）韻。

三十六字母：時年穠梅兒黃犁田園種茄蘇吳舍正剜魚臍油茅厝囥桐發放茶峩陽蟠蛇人販柴南橋過。

內"種"同"穠"，"厝"同"茄"，實只三十四字母。

① 林寒生：《福州方言字典〈戚林八音〉述評》，《辭书研究》1985年第6期。

（3）調。

八音上：之志指即；八音下：芝志集字。

蓋“之志指即”四聲是為清高，“芝志集字”四聲是為濁下。餘仿此。

2. 模仿《戚林八音》排列韻字。

（1）以韻為目。以三十六字母（三十六韻）為序排列韻字。

是篇之理，先宜熟讀“時年穠梅兒黄”三十六字母。

（2）各韻之內，以十五音韻（十五聲）為目順序排列。

次則凡一字母，均以“柳邊求氣直、坡他曾日時、鶯問語出非”三句定出十五聲。

何謂凡一字母定出十五聲？譬如是開首“時”字母，則將“柳邊求氣直”十五韻逐字俱貼在“時”字音，一類之聲就從“柳”字上呼起：柳（黎）、邊（閉）、求（計）、氣（器）、直（帝）、坡（疲）、他（剃）、曾（之）、日（呢）、時（時）、鶯（意）、問（眉）、語（霓）、出（砌）、非（戲）。此謂之間隔交呼是也。餘仿此。

（3）每個聲母之下，以八音（八個聲調）排列韻字。

然後每聲又順口調為清濁高下各四聲，則字隨齒牙唇喉舌而得矣。

何謂每字又順口調成清濁高下各四聲？譬如八音第一字是“之”字，則調之八音曰“之志指即芝志集字”。

韻書第一部分為“時字母”，“時字母”下的韻字按十五聲排列，

“柳”為第一聲，“柳”下的韻字按八音次序排列，不同聲調的韻字用圓環隔開，即每一聲下都有八個環。而並非每個環下都有韻字，所以就有三種圓環：

第一種是：●實環。實環有音有字。

第二種是：○ 虛環。虛環有音無字。

第三種是：⊙重環。重環二六同音。即八音“之志指即芝志集字”中，第二調（如：志）和第六調（如：志）是同音的，同音的字都收在第二環之後，第六調就用重環⊙表示，後面不再收字。

3. 索字。

方言韻書可幫助人們快速檢尋平仄用字。

> 第一環之字概屬平聲。第二環之字純是仄。
>
> 第三環平仄互兼。茲分布為兩截，以平聲之字列為上，其中用一小虛環寫有“俱平聲”三字為間，其環下之字概屬仄聲。若全環純平，末亦有“俱平聲”三字為識認。如無環記者，則是仄矣。
>
> 第四環亦是純仄。第五環純平。第六環義同二音。第七、八兩環亦俱仄。

要查詢韻書，聲調非常重要：

> 其環不論虛實，按環各屬一音，取字必要細尋，逐環挨數方不至有錯行之誤。

而如果要查詢某字，也應從聲調入手：

> 取字之訣，須要先調八音，次尋字母。
>
> 謹記八音第一音為要，即以第一音從“柳”字順呼，直至非韻，考遇便覓得字母矣。

即要分幾個步驟來查找：

(1) 找到“八音”第一音。

> 但看欲取何字，假如欲取“系”字，則先調八音曰“兮戲喜翕希戲詋系”。

（2）找到所屬韻部。

查找“系”屬於哪個韻部，要用十五個聲母分別與第一音“兮”的韻相拼，看看可以拼出三十六字母中的哪個字母（即哪個韻），結果發現：“時”（聲母）與“兮”的韻相拼得出“時”（韻）。由此便知“系”屬於“時”韻。

將八音第一音“兮”字呼作“柳（黎）、邊（閉）、求（計）、氣（器）、直（帝）、坡（疲）、他（剃）、曾（之）、日（呢）、時（時）”，便找到所屬的“時”字母。

（3）找到所屬聲部。

“系”屬“時”韻下的哪個聲母？還得用第一音“兮”與十五個聲母分別相拼，看看和哪個聲母可以拼出“兮”的音，結果發現：“非”（聲母）與“兮”相拼，可拼出“兮”音。於是，便可在第一個韻部“時”韻下“非”聲母中找到“兮”字：

> 又於“時”字字母支內將“兮”字本音從“柳”順呼，十五音內考遇何韻是“兮”音即止。今以首音“兮”字考遇在“非”字韻便逢“兮”字。

（4）找到所屬聲調。

在“時”韻“非”聲中，按照聲調順序尋找，找到第八個調，即第八個環，就可找到“系”字：

> 再挨數至第八環，“系”字便可見。

4. 韻書拼讀訓練。

欲用韻書，則需爛熟於心，至今在民間仍有一些老先生深諳此法。最基本的方法便是熟讀：

是法只須"時"字母以"柳邊求氣直"十五聲為音韻，熟讀百遍。

有了熟練拼讀的語感後，拼讀便無障礙：

其餘字母之聲不待思索，意到聲隨，自然流出。蓋有增之不得，減之不能。循是可以知諸韻之法，其味無窮。學者宜精心細察，不可以其近而忽之也。

四 《建州八音》與《戚林八音》的音系比較

方言韻書為方言區百姓所用，記錄的自然是當地方音。《戚林八音》是福州方言韻書，建州與福州相隔較遠，雖同屬閩語，語音系統差別較大。《建州八音》仿照《戚林八音》的體例編纂韻書，聲、韻、調數目完全相同，其實質卻各不相同。

試將《戚林八音》和《建州八音》的聲韻調比較如下。

（一）聲

閩語內部比較一致，大多是"十五音系統"。《戚林八音》與《建州八音》也都是十五音系統。

《戚林八音》的例言和正文，所記錄的聲母數量並不一致。

1. 《戚林八音》例言所記二十字母。

柳邊求氣低波他曾日時鶯蒙語出喜打掌與君知

2. 《戚林八音》正文所記十五字母。

與例言所記二十字母相比，少了"打掌與君知"，"喜"改為"非"，部分韻內"曾"改為"爭"。

3. 《戚林八音》和《建州八音》十五字母比較。

《戚林八音》正文的十五字母代表了當時福州方言的聲母系統。《戚林八音》例言在十五字母後，標明"內只用十五字"。至於《戚林八音》的例言為何與正文不符，為何要增加"打掌與君知"這幾個字，為何要改“喜”為“非”，改“曾”為“爭”，此不贅述。《戚林八音》之後，“十五音”傳統在後來的方言韻書中得以延續，後人所謂《戚林八音》十五音，指的是《戚林八音》“柳邊求氣低波他曾日時鶯蒙語出喜”十五音。試比較《戚林八音》和《建州八音》的十五字母。

表1　　《戚林八音》和《建州八音》的十五字母

《戚林八音》	柳邊求氣低波他曾日時鶯蒙語出喜
《建州八音》	柳邊求氣直坡他曾日時鶯問語出非

可見，《建州八音》和《戚林八音》一樣，聲母也是十五音系統，閩方言韻書的聲母系統基本上是一致的。

（二）韻

《太史林碧山先生珠玉同聲》列三十五字母。《戚參軍八音字義便覽》列三十六字母，如下：

春花香秋山開嘉賓歡歌須金杯孤燈光輝燒銀釭之東郊過西橋雞聲催初天奇梅歪遮溝

《戚參軍八音字義便覽》例言在三十六字母後，標明“內‘金’同‘賓’，‘梅’同‘杯’，‘遮’同‘奇’。實只三十三字母”。

《建州八音》也同樣列三十六字母：

時年穠梅兒黃犁田園種茄蘇吳舍正剫魚臍油茅厝園桐發放茶犁陽蟠蛇人販柴南橋過

三十六字母後亦標明：內“種”同“穠”，“厝”同“茄”，實只三十四字母。

韻母系統與《戚林八音》則完全不同，《建州八音》反應的是建州的語音實際。

（三）調

《戚林八音》按陰陽將八音分為上下，即：

八音上：公滚貢穀

八音下：群滚郡掘

陰上和陽上都用“滚”字來標示，這是因為福州方言上聲不分陰陽，即第二個調和第六個調是同音的。八個聲調用不同的圓環表示。《太史林碧山先生珠玉同聲》在八音之後標注：

○虛環有音無字●實環有音有字⊙重環同音

《建州八音》亦模仿這樣的排序方式，其八音為：

八音上：之志指即。

八音下：芝志集字。

《建州八音》模仿《戚林八音》，第二個聲調和第六個聲調都用“志”字來標示，說明這兩個調實則不分。第六調用重環⊙標示。

《建州八音》不按平上去入的順序排列聲調，值得關注，詳下。

五 《建州八音》與當代建甌方言的音系比較

現將《建州八音》的聲韻調代表字相對應的現代建甌方音標注如下①。

（一）聲

表2 《建州八音》的聲調代表字及對應的現代建甌方音

柳	邊	求	氣	直	坡	他	曾	日	時	鶯	問	語	出	非
l	p	k	kh	t	ph	th	ts	n	s	ø	m	ŋ	tsh	x

① 現代建甌方音的讀音參見福建省情資料庫·建甌县誌·方言，http：//www.fjsq.gov.cn/ShowText.asp？ToBook＝3149&index＝1662&2014－04－29。

（二）韻

表3 《建州八音》的韻母代表字及對應的現代建甌方音

時	年	穠（穜）	梅	兒	黃	犁	田	園	茄（厝）	蘇	吳
i	iŋ	œyŋ	o	œ	uəŋ	ai	aiŋ	yiŋ	iɔ	uɛ	u

舍	正	劇	魚	臍	油	茅	囥	桐	發	放	茶	峩
ia	iaŋ	iɛ	y	ɛ	iu	e	ɔŋ	ɔŋ	uai	uɔŋ	a	ɔ

陽	蟠	蛇	人	販	柴	南	橋	過
iɔŋ	uiŋ	yɛ	eiŋ	uaiŋ	au	aŋ	iau	ua

可以看到，兩百多年來，方音有了一些變化。囥韻和桐韻今建甌話已經不分，合為 ɔŋ 韻；今建甌話新增 ieiŋ 韻，是《建州八音》所沒有的，建甌方言誌的同音字表標明這是新派讀音，僅列“仁炎然燃衍延”諸字。

（三）調

聲調的情況比較複雜。也許是為了和《戚林八音》保持一致，林端材沒有按照中古平上去入的順序排列聲調。那麼，《建州八音》是模仿《戚林八音》排列聲調嗎？林端材是模仿福州方言的調型來排列聲調嗎？建州入聲調的塞音韻尾已經脫落，福州方言入聲調仍然保存塞音韻尾，從以下對照表來看，按照兩部韻書聲調的排序，調型總體上還是比較接近的。《建州八音》沒有按平、上、去、入的順序排列聲調，顯然是不合理的。

表 4　　《建州八音》和《戚林八音》的聲調

《建州八音》代表字	之	志	指	即	芝	志	集	字
代表字的中古聲調及清濁	清平	清去	清上	清入	清平	清去	濁入	濁去
現代建甌話的調值	33	33	21	24	54	33	42	44
現代建甌話的調類	陰去	陰去	上聲	陰入	平聲	陰去	陽入	陽去
《戚林八音》代表字	公	滾	貢	穀	群	滾	郡	掘
代表字的中古聲調及清濁	清平	上聲	清去	清入	濁平	上聲	濁去	濁入
現代福州話的調值	55	33	213	24	53	33	242	5
現代福州話的調類	陰平	上聲	陰去	陰入	陽平	上聲	陽去	陽入

從對照表來看，兩百多年間建甌方言的聲調已有變化。首先是數量方面，現代建甌方言平聲、上聲不分陰陽，即有六個聲調：平聲、上聲、陰去、陽去、陰入、陽入。從以上表格中可見，《建州八音》上聲不分陰陽；而平聲分為兩個系列，只是從聲調代表字來看，“之”“芝”均為清平字。《建州八音》到底有哪些聲調？兩百年間聲調到底發生了怎樣的變化？

1. 關於陰去調。

第二個聲調和第六個聲調實為同調，為何要分立，該如何看待？

《戚林八音》的第二個聲調和第六個聲調調值相同，故而可以合併，這是因為福州方言上聲不分陰陽，自然第二個聲調（陰上）和第六個聲調（陽上）就不必區分了；《戚林八音》為了更加清晰地展示古今聲調的對應關係，按陰陽將八音分為上下，上聲雖和平、上、入一樣也分上下，但都用同一個字“滾”來代表，第六調用重環⊙標示，所以《戚林八音》形式上看來是八音，但實質上是七音，即七個聲調。《建州八音》的第二個聲調和第六個聲調已經混同，林端材都用“志”字來代表，形式上是兩個調，實際上也是一個調，都是陰去調，第六調用重環⊙標示，所以《建州八音》形式上看來是八音，但實質上是七音，即七個聲調。《建州八音》為何要用兩個環來標示陰去調，令人費解。

2. 關於平聲調。

現代建甌方言有六個聲調，平聲、上聲不分陰陽。《建州八音》上聲亦不分陰陽；平聲分為兩個調，只是“之”“芝”兩字均是清聲母字。

表 5　　《建州八音》的平聲代表字

《建州八音》代表字	之	芝
代表字的中古聲調及清濁	清平	清平
現代建甌話的調值	33	54
現代建甌話的調類	陰去	平聲

《建州八音》刊行以來，建甌方言的平聲在兩百年間是否發生了變化，發生了哪些變化？接下來，我們有必要對《建州八音》的平聲字作重點考察。

首先，來看《建甌方言誌》的聲調對照表。

表 6　　《建甌方言誌》的聲調代表字

<table>
<tr><th>建甌聲調</th><th>例字</th><th>古清濁</th><th>古四聲</th></tr>
<tr><td>平聲 54</td><td>剛知專尊丁邊安開超粗天山商三飛</td><td>清</td><td>平聲</td></tr>
<tr><td rowspan="3">上聲 21</td><td>古展紙走短比褉口醜草體普好手死粉</td><td>清</td><td rowspan="2">上聲</td></tr>
<tr><td>女染老暖買武有
遠癢</td><td>次濁</td></tr>
<tr><td>窮陳才唐平寒詳</td><td>全濁</td><td rowspan="2">（平聲）</td></tr>
<tr><td rowspan="2">陰去 33</td><td>鵝娘人龍難麻</td><td>次濁</td></tr>
<tr><td>蓋帳正醉對變愛靠唱菜怕漢世送放</td><td>清</td><td rowspan="3">去聲</td></tr>
<tr><td rowspan="3">陽去 44</td><td>岸閏漏怒帽望用</td><td>次濁</td></tr>
<tr><td>共陣助大備害樹謝飯</td><td>全濁</td></tr>
<tr><td>近住是坐厚父/食局合</td><td>全濁</td><td rowspan="2">（上聲）（入聲）</td></tr>
<tr><td rowspan="3">陽入 42</td><td>倍社</td><td>全濁</td></tr>
<tr><td>嶽入六納麥</td><td>次濁</td><td rowspan="5">入聲</td></tr>
<tr><td>宅雜白舌</td><td>全濁</td></tr>
<tr><td rowspan="2">陰入 24</td><td>讀服俗</td><td>全濁</td></tr>
<tr><td>一七出黑惜桌接約/急竹職即得福/百鐵尺/各卻</td><td>清</td></tr>
</table>

古平聲的分化比較複雜，分入現代建甌方言平聲、上聲和陰去調。如表6所示，古清聲母的平聲調，在現代建甌方言中仍讀平聲調。而從《建甌方言誌》的同音字表可以看到，古清平字，則有小部分派入現代建甌方言的陰去調，如之、揪、拼、娟、吧、刊、撐、熏。

《建州八音》所分聲調值得關注的是，第一個聲調“之”和第五個聲調“芝”，兩個代表字在中古都是章母平聲字，都是清聲母字。也就是說，從聲調代表字來看，《建州八音》的平聲亦不分陰陽。

那麼，《建州八音》的平聲到底是否分陰陽呢？

《建州八音》中，“芝”調所統轄的基本都是古清平字。而“之”調所統轄的則基本為濁平調。

下面以“時”字母第一個聲調所收的字為例加以分析：

“時”字母第一個聲調（即“之”調）共收54字，如下（以聲母為序）：

柳：黎藜薵魑璃篱籬漓梨菞榈鸝驪酈蜊棃罹犂

坡：羆疲

他：啼綈啑𨇽

曾：之焠莳糍鷟

日：呢

時：時塒鰣

鶯：噫飴鍚

問：迷眉媚嵋收錢楣帷微

語：霓睨輗鯢猊

出：粹頴

非：兮傒

這54字有兩個俗字（𨇽頴），尚無法確定它們的來源，其他52字的中古聲調來源如下。

表 7　　《建州八音》“時”字母第一個聲調所收的字

中古聲調來源	例字
濁平聲（41 個字）	黎藜蠡璃篱籬漓梨嫠樆鸝驪酈蜊罹犂疲啼綈莳糍鷥呢時塒鰣飴錫迷眉嵋錢楣帷微霓輗鯢猊兮傒
清平聲（5 個字）	魑蒺羆之收
清去聲（4 個字）	啑焠粹噫
濁去聲（2 個字）	媚睨

可以看出，來源於古清去聲和濁去聲的六個字都不是常用字。“之”字也不是常用字。“之”調的字主要來源於古濁聲母（包括全濁和次濁的聲母）的平聲字，古清聲母的平聲字也有偶入此調的字。在《建州八音》中，“之”調的音值既不同於陰平調，也不同於陰去調（“之”字在現代《建甌方言誌》裡記的是陰去調）。我們認為，《建州八音》中，“之”調字主要來源於古濁平字，是陽平調；正如《建州八音》在凡例中所言，第一環（“之”調）之字概屬平聲。

《建州八音》平分陰陽，分立兩調。《建州八音》用“之”作為陽平調的代表字，是不合適的。《建州八音》為何選擇“之”作為陽平調的代表字，原因有待進一步考證。

綜上，據《建州八音》所記，兩百多年前的建甌方言共有七個調：平、去、入分陰陽，分別與中古的清濁聲母相對應；上聲不分陰陽。如表 8。

表 8　　建甌方言的聲調變化表

《建州八音》的七個聲調	芝	指	志	即	之	字	集
中古聲調來源	清平	上聲	清去	清入	濁平	濁去	濁入
現代建甌話的調值	54	21	33	24	21/33	44	42
現代建甌話的調類	平聲	上聲	陰去	陰入	上聲/陰去	陽去	陽入

《建州八音》刊行後的兩百多年間，建甌方言的聲調有了變化，全濁的平聲字并入上聲，次濁的平聲字并入陰去。也就是說，兩百多年前，建甌方言平分陰陽，是有陽平調的，後來古全濁的平聲字分入上聲，古次濁的平聲字分入陰去。而建甌方言周邊的政和、松溪、建陽等方言，至今依然

是七個聲調，平聲分為三類，即平分陰陽，陽平又再分為兩個調①，正是從共時平面上呈現了陽平調的歷史變化方向。

為了幫助讀者更加便捷地查閱韻書，進一步開展比較研究工作，新編《建州八音》，按照林端材總結的“之志指即芝志集字”的順序，對《建州八音》的韻類排序作了相應調整，即按平、上、去、入的順序排列聲調；每种调类的收字，均按《建州八音》原文整理，原则上不予调整。

> 建甌方言今字音的調類分布與古四聲清濁的對應很不整齊……有些鼻音韻尾字也讀入聲調……古入聲字多數字還讀入聲調，無塞音韻尾；也有不少字混入去聲，甚至混入上聲。②

《建州八音》的調類分布和建甌方言的調類分布大致相合，《建州八音》與古四聲清濁的對應也很不整齊，入聲的分布尤為複雜。林端材選取的聲調代表字和對聲調的排序，仍有待進一步探索。

參考文獻

林端材：《建州八音字義便覽》，清乾隆六十年（1795）。

潘渭水：《〈建州八音〉剖析》，《辭書研究》1986 年第 5 期。

張琨：《讀〈建州八音〉》，《歷史語言研究所集刊》1988 年第 1 期。

張凡：《〈建州八音字義便覽〉音系研究》，福建師範大學碩士學位論文，2002 年。

馬重奇、馬睿穎：《清代兩種中西閩北方言文獻音系比較研究——〈建州八音字義便覽〉（1795）與〈建寧方言英漢字典〉（1901）音系比較》，《華夏文化論壇》2016 年第 2 期。

黃典誠：《建州方言初探》，《廈門大學學報》1957 年第 1 期。

李如龍、潘渭水：《建甌方言詞典》，江苏教育出版社 1998 年版。

陳澤平：《福州方言研究》，福建人民出版社 1998 年版。

---

① 馬重奇：《新發現閩北方言韻書〈六音字典〉音系研究》，《中國語文》2010 年第 5 期。

② 李如龍、潘渭水：《建甌方言詞典》，江苏教育出版社 1998 年版，引論第 15 頁。

新編《建州八音字義便覽》

陳　芳　編著
林端材　原著

叙

十三經治世之書而爾雅興焉其體詳於訓詁盖字學之權輿也厥後如許氏之說文精于形象沈氏之四聲譜妙於音韻以及洪武正韻國朝康熙字典薈萃群書允稱翰府軌範而求其易於齊民方言將音覓字者則莫便於閩中戚公之八音碧翁之字義顧是書也吾輩雖同志趨向惜建屬地異語殊難以習學省音今特因其音韻做其體格將原譜春花香秋山開三十六字母改為時年穠梅兒黃三十六字母亦用以梓里鄉談彙成是集俾得互叅便閱不至傷於脫略其以開字學捷徑殆亦補爾雅所未備歟至於三十六字母與夫一字調出上下各四聲以及十五音韻俱載例言兹不及詳也是為序

旨

乾隆六十年季秋月題於芝山書屋

例言

一是篇之理先宜熟讀時年穠梅兒黃三十六字母次則凡一字母均以柳邊求氣直坡他曾日時鶯問語出非三句定出十五聲然後每聲又順口調為清濁高下各四聲則字隨齒牙唇喉舌而得矣何謂凡一字母定出十五聲譬如是開首時字字母則将柳邊求氣直十五韻逐字俱貼在時字音一類之聲就從柳字上呼起柳(黎)邊(閉)求(計)氣(器)直(帝)坡(疲)他(剃)曾(之)日(呢)時(時)鶯(意)問(眉)語(霓)出(砌)非(戲)此謂之間隔交呼是也餘倣此

何謂每字又順口調成清濁高下各四聲譬如八音第一字是之字則調之八音曰之志指即芝志集字盖之志指即四聲是為清高芝志集字四聲是為濁下餘倣此

一取字之法須要先調八音，次尋字母謹記八音第一音為要即以第一音從柳字順呼直至非韻考遇便覓得字母矣但看欲取何字假如欲取係字則先調八音曰兮戲喜翕希戲訶係就將八音第一音兮字呼作柳黎邊閉求計氣器直帝坡疲他啼曾之日呢時時便得時字母矣又于時字字母支內將兮字本音從柳順呼十五音內考遇何韻是兮音即止今以首音兮字考遇在非字韻便逢兮字再挨數至第八環係即可餘倣此一是法只須時字母以柳邊求氣直十五聲為音韻熟讀百遍其餘字母之聲不待思索意到聲隨自然流出盖有增之不得減之不能循是可以知諸韻之法其味無窮學者宜精心細察不可以其近而忽之也

三十六字母

時年穠梅兒黃犂田園種茄蘇吳舍正剢魚臍油茅厝園桐發放茶莪陽蟠蛇人販柴南橋過（內種同穠厝同茄寔只三十四字母）

十五音韻

柳邊求氣直坡他曾日時

鶯問語出非

八音上　八音下

之志指即　芝志集字

學者照建語先讀八音二句

之志指即　芝志集字

次仍以建語讀三十六字母以及十五音韻三句然後間隔交呼一類之聲各念百遍至於極熟方能生變觸類無窮再將時年穠三字母間隔交呼一類之聲為式

時字便呼曰

柳黎邊閉求計氣器直帝坡疲他啼曾之日呢時時鶯噫問眉語霓出砌非兮

年字便呼曰

柳聯邊變求見氣鉗直○大年切坡片他鈿曾錢日年時扇鶯鹽問棉語閻

出驪非還

穠字母便呼曰

柳龍邊糞求供氣燻直中坡噴他○曾種日穠時舜鶯壅問○語銀

出狆非熊 餘倣此

環有定準

●寔環 ○虛環 ⊙重環

●寔環有音有字○虛環有音無字⊙重環二六同音

首環字字概屬平聲二環之字純是仄三環平仄互兼茲

分佈為兩截以平聲之字列為上其中用一小虛環○寫

有俱平聲三字為間其環下之字概屬仄音若全環纯平

末字亦有俱平聲三字为識認如无環記者則是仄矣四

環亦是純仄五環純平六環義同二音七八兩環亦俱仄
其環不論虛寔按環各屬一音取字必要細尋逐環挨數
方不致有錯行之誤

玉融林端材正堅氏彙輯

1 時字母

柳陰平○有音無字後俱同

上聲●狸狐丨離散○已上二字平聲後俱照此分隔理道丨李果名又姓禮義儷伉丨邐旁行蠡蚌屬

里鄉丨娌妯丨履鞋也履草丨裹表丨俚鄙俗

陰去⊙六環義同二音●麗高丨國名

陰入●靂霹丨慄悚丨栗木名瀝滴丨歷歴涉丨莅蒞臨也溧冽麗附也

陽平●黎民又姓藜蕨釐毫丨魑魅璃琉丨篱笊丨籬笆漓淋丨梨果名嫠寡婦

櫚椶丨鸝黃鳥驪駿馬酈地名蜊蛤蔾蒺丨罹遭丨犂雜牛文

陽去●吏官丨利鋒丨俐伶丨莉花名痢疾隷皂丨禲無後祟鬼例常丨厲暴惡勵奮勉

礪砥丨糲粗丨癘疫病蠣蝗離遠去

陽入●力氣丨立植丨貍獸名笠帽對苙圂也

邊陰平●碑石｜

上聲●枇杷 琵琶 脾胃○此三字俱平聲 彼指伊 比方 貔貅 仳離別 斐文貌 匕匙

箆籠 妚懷孕 妣媽 髀股骨 毘佛號 魮魚名

陰去⊙●閉閟｜ 箄甑｜ 痹麻｜ 痺手冷痛 髲器屬 臂肩｜ 蔽遮｜ 庇廕

陰入●必期｜ 筆硯 奭召公名 畢宿名又姓 蓽麻子 闢開廣 弼輔 毖謹冚 碧翠色

敝傷音正壞 賁文貌又音奔 濞去滓 煏火乾 逼迫 轡馬絡 嗶吱 壁圭｜ 鵖鳥

陽平○

陽去●鼻就香 畢完也 篦梳｜ 弊端 陛天子之階 備 偹周｜ 幣帛 避迴 斃死也

婢僕 被欺

陽入○

求陰平●機杼 箕竹器 幾微 畿甸 機 肌膚 基根｜ 姬姓 譏 訕誚 璣璇

磯釣石 稽叩首 乩卜

上聲● 騎跨| 期約 其指物之辭 踑踞 祺吉祥 棋象| 碁圍| 祈求也 麒麟 沂 淇水名

祁大也 琪玉名 騏驥 錡三足釜 旗旌| 圻郊 琦玉名 鄿州名 蜞蟛|

耆老 蓍中名 奇異 馗鐘| 亓 丌仝其又姓 岐近江有山 芪藥名 祇地神 葵花又音鬼

崎虫名○俱平聲 杞枸| 麂似鹿 己自| 圮毀壞 几案 紀綱| 屺山有中木 芑菜名

陰去⊙● 計算 記念 既然 繼續 薊地名

陰入● 及至也 急速 戟戈| 吉祥 激感| 洁水名 佶賢士 伋子思名 岌山名 汲引水出井

亟敏速 殛誅也 芨白|藥名 跲躓 極太| 棘荊| 擊敲| 譤詐也 猗狂|惡鬼

級等| 恄佈也 彶遽 給付 笈書箱 鵋鳥名 甈水圭 頍蒼|

陽平○

陽去● 忌畏憚 娽怒 技藝 伎倆詐舉 妓女樂 羈旅| 企望

陽入● 極大也頂也

氣陰平● 欺瞞 欹不正 崎嶇 蹊蹺| 僛醉舞貌 踦披

上聲● 啟開也 起倒 豈非然之辭

陰去⊙● 棄捐｜ 器成｜｜械 氣力 炁仝上 霼雲｜ 契識又音慨

陰入● 隙孔 泣涕｜ 綌絺｜葛布 乞求也 吃口不便言俗作喫非 愾太息 憩歇息

陽平○

陽去● 柹果名俗寫柿非 栜仝上 餼生牲

陽入● 噱笑聲

直

陰平● 知覺 低下也

上聲● 池塘又姓 提持挈 馳驅 篪樂器 螔生糠米虫 遲緩 䶵黃帝樂名 弛癈｜ 蚳人名 墀丹｜ 鮐魚名 題詠 跱不速行貌 隄防 堤拆 衹徊 扯牽｜ 緹赤帛 禔福也 騠良馬○俱平聲 祗敬 湜水濤 氏宿名 抵當 邸旅舍 砥柱 觝觸 軧大車 羝牝羊 詆毀 褆衣端正 鞮中履 踶馬怒 裡外對土音 底至也

陰去⊙● 帝至尊 智敏慧 致至也 蒂根｜ 置立也又措｜ 螮虹也 殢困極 瞰窑｜ 𨁂立

⿰魚致 魚名 ⿰氵致 瀑丨 ⿺辶室 行貌 ⿰⻊室 踏也

陰入● 的 確 笛 簫丨 姪 兄弟之子 嫡 正妻 滴 瀝 適 過 鏑 矢鋒 痔 肛門瘡 玓 珠明色 馰 馬白額

敵 抵丨 迪 吉順 籊 竹長殺貌 狄 夷丨 逖 遠 覿 私見 秩 序 滌 洗器

陽平○

陽去● 地 土丨 弟 哥丨 遞 傳丨 棣 棠丨花名

陽入● 治 修理 第 次丨 弟 兄丨 鯉 紅丨魚名 雉 野雞 娣 妹也 瑅 佩玉 值 當也 蟄 虫存冬

坡 陰平● 批 示也 披 着也 砒 礵 毗 連 鈚 箭矢 吡 吐痰 詑 叱聲 啡 卧聲

上聲● 丕 大也 否 塞 鄙 陋 嚭 大 伾 大 邳 地名 痞 疥丨

陰去⊙○

陰入● 匹 偶 擗 倖 疋 成端 澼 洴澼 鴄 鴨 霹 靂 僻 偏丨 劈 裂 癖 痴丨 躃 避也 躄 跛丨

鷿 鷉 覛 視 薜 香中 辟 喻 甓 瓴甓 廦 癱丨

陽平● 羆 熊 疲 倦

陽去● 鼻 氣出入處

陽入〇

他

陰平● 黐 黏 簛 羅

上聲● 體 身｜ 涕 去泪 鬀 髡也 醴 酒｜ 諦 審也

陰去⊙● 剃 削髮 穄 粟名 殢 滅也

陰入● 勅 令 嚏 噴 涕 泣 飭 整｜ 裼 露臂貌 惕 忖｜ 陟 陞 禘 祭祀名 剔 刮｜

憼 從｜ 蝃 蝀 滯 水滴 寘 安著 懥 忿｜

陽平● 啼 哭 綈 厚增 嗁 號泣 罤 綱繩

陽去● 滯 遲｜ 悌 愷｜ 禘 王者大祭 締 結不開 塊 件也又音傀 啻 不止如是 懘 心不和

陽入● 苐 草名又但也

曾

陰平● 支 干｜｜持 芝 瑞草 枝 幹 肢 體 脂 膏｜ 梔 子 巵 酒器

上聲● 齊 全又姓 臍 肚｜ 蠐 蟲名〇俱平聲 旨 聖｜ 止 停｜ 祉 福也 指 手足十｜ 枳 壳 蚔 屈伸虫

只惟也 姊女兄 沚小水 汜水出 秭十億之數 咫八寸曰| 霽雨晴貌 芷白|

陰去⊙●志向 誌記也 至及也 痣異點 祭享 濟事成 瘵憂勞病 掣牽| 際會同 鰶魚名

制作 製裁|

陰入●即就也 疾病 執持 贄拜見之儀 汁湯| 質證也 殖貨| 秩有序 績勣功|

鷙猛鳥 躓跲| 職官| 熾火盛 織紡 值當 緻精| 植栽| 稷社| 縶絆馬足

質朴 鯽魚名 竄鼠聲 蓻茅芽 嘰虫叫聲 唧啾| 嫉妒| 脊背 瘠瘦也 積蓄

蹟踧| 輊軒|

陽平●之語助辭 粹火入水中 莳莓|水果 糍粿對 鷀鸕|

陽去●字文| 牸牝羊 穉稚幼| 寺佛殿 峙峻| 時祭地 窒塞 彘猪母 苧麻

陽入●集聚也 籍冊| 賷送也

日陰平●旎旖| 䵑黏

上聲●尼夫子字又僧| 妮美也○俱平聲

陰去⊙○

陰入●溺沉沒 匿隱｜ 暱近視 搦持也 愵憂｜

陽平●呢喃燕聲

陽去●二 貳數名 樲小棗 膩細油｜｜ 弍仝二

陽入●日太陽 入出對 你爾也

時陰平●詩書 絲線 蕬菟｜藥名 司官｜ 施設｜又姓 螄水中黑虫 犀牛 鷥鷺｜

上聲●死生反 屎糞 始初 豕𧱏揺名 矢弓｜ 兕野牛

陰去⊙●四數名 勢權｜ 試考｜ 肆仝四又音素 世代 壻女夫 弑下殺上

陰入●失遺 昔夙 惜愛｜ 式様｜ 舄履｜ 鞜仝上 軾車前橫木 視瞻｜ 逝往也 室家

錫賜也 蝕日月有虧 晳星光明貌 穸窀 識知｜ 熄 晴烘曬肉乾 釋解｜又佛家 悉盡也

適往 媳子婦 蟋蟀虫名 晹日無光 喝 哳鳥鳴 飾首｜ 褶婦襪 習學不已 熄火滅

淅雨聲 息休｜利｜消｜信｜安｜ 嫡婦人歸家曰｜ 淄水影 隰原｜上平曰｜原下平曰｜ 汐潮退入海 夕下午

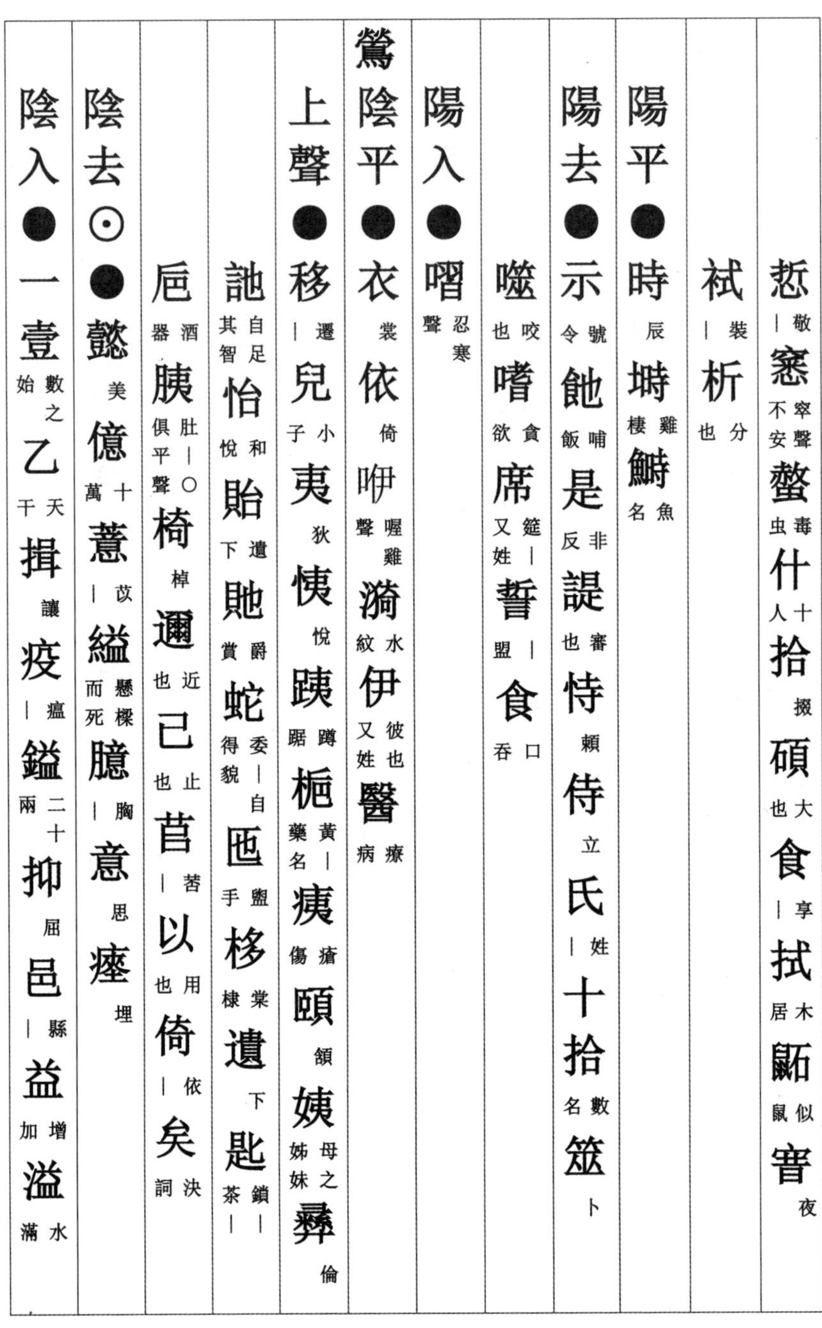

悊敬｜ 窸窣聲不安 螫毒虫 什十人 拾掇 碩大也 食享｜ 拭木居 鼫似鼠 宵夜

栻裝｜ 析分也

陽平● 時辰 塒雞棲 鰣魚名

陽去● 示號令 䬁哺飯 是非反 諟審也 恃賴 侍立 氏姓｜ 十 拾數名 筮卜

噬咬也 嗜貪欲 席筵｜又姓 誓｜盟 食口吞

陽入● 㗩忍寒聲

鶯陰平● 衣裳 依倚 咿喔雞聲 漪水紋 伊彼也又姓 醫療病

上聲● 移遷｜ 兒小子 夷狄 恞悅 跠蹲踞 梔黃｜藥名 痍瘡傷 頤頷 姨母之姊妹 彝倫

訑自足其智 怡和悅 貽遺下 貤爵賞 蛇委｜自得貌 匜盥手 栘棠棣 遺下 匙鎖｜茶｜

卮酒器 胰肚｜〇俱平聲 椅棹 邇近也 已止也 苢苤｜ 以用也 倚依｜ 矣決詞

陰去⊙● 懿美 億十萬 薏苡｜ 縊懸樑而死 臆胸｜ 意思 瘞埋

陰入● 一 壹數之始 乙天干 揖讓 疫瘟｜ 鎰二十兩 抑屈 邑縣｜ 益增加 溢水滿

⿰飠邑臭| 鷁水鳥 挹取也 搤遏止 佾舞列 繹絡 鳦燕 嗌咽喉 亦又也 奕世 弈圍碁

歝壓也 懌忱| 液津| 射發矢 噎食窒 饐飯傷熱湿 逸隱| 螫行毒虫 謚笑貌 佚安| 軼超|

陽平● 噫歎聲 飴 餳糖|

陽去● 冀州 兾望也 異奇| 謚卒而易名 易不难 翌明日 羿后| 裔後| 驥良馬

肄習也

陽入● 實 寔不虛 譯傳言 驛馬日站 易交|又姓

鶯音餘 陰平○

上聲● 微幾| 薇花名○平聲

陰去⊙○

陰入○

陽平○

陽去● 未支名 味氣|

陽入〇

問陰平〇

上聲●彌陀 麋大鹿 縻羈繫 蘼薔 糜爛 醿酴｜花〇俱平聲 亹勉强 瀰水盛 渼水波 媄好色貌

美善也 敉安撫

陰去⊙〇

陰入●覓尋討 𥨸稠｜ 蜜蜂作之糖 秘密

陽平●迷惑 眉目 媚謟｜ 嵋峨｜山名 鶥鷾｜ 楣門｜ 帷帳｜ 微少也

陽去●謎阮語 氼人在水下

陽入●米粟 苡薏

語陰平〇

上聲●宜當也 儀威｜ 犧牲｜ 疑惑 嶷九｜山名〇俱平聲 蟻螻 擬度 鶂鵝聲

陰去⊙〇

陰入〇

陽平● 霓 虹| 睨 邪視 輗 任載之車 鯢 大魚 猊 狻|

陽去● 誼 情| 毅 果敢貌 義 禮| 議 論 藝 技| 詣 造| 蓺 種樹也

陽入〇

出陰平● 癡 痴 愚也 妻 正室 屍 骸 尸 同上陳也 萋 草盛貌 悽 愴 凄 涼 栖 依 棲 息

嗤 戲笑 媸 醜也 蚩 無知 雌 雄對

上聲● 齒 牙| 耻 恥 廉| 侈 奢| 㢋 廣|

陰去⊙● 砌 築 莿 草木針 翅 翼 刺 針| ⿰口妻 先嘗 試 探其虛實

陰入● 七 柒 数名 斥 逐 戚 親|又姓 慼 憂也 葺 修補 晻 目閉不開 緝 繼續 輯 集| 戢 藏也

陽平● 粹 水傾入火 顇 髮長短不齊貌

陽去● 市 街| 睼 近視 蒔 插田 豉 香|

陽入● 齂 船|

非陰平● 熙 和樂 熹 熾盛 禧 福也 姬 妃 嬪丨 絺 綌 嬉 戲 僖 樂也 犧 牲 希 小也

稀 疎 俙 依丨 晞 乾也 欷 歎聲 非 是反 羲 氣 醯 醋也 嘻 噫丨

上聲● 喜 悅而開顏

陰去⊙● 戲 梨園人

陰入○ 翕 合聚 熻 煨窖 歙 縮鼻 檄 牒 潝 水流疾 肹 佛丨 吸 呼丨 殈 卵破 橘 桔果名

陽平● 兮 歌詞 傒 東夷日出之處

陽去● 奚 何也 徯 待也 ⿰忄巂 懷二心 繫 縛 系 世丨 携 提也 係 繫

陽入● ⿰言户 笑聲

非 餘音 陰平● 飛 翔 妃 嬪丨

上聲● 霏 煙雨迷濛之狀 菲 芳丨 蜚 虫名 扉 柴門○俱平聲 榧 子果名 靡 無也 篚 薄 悱 欲言 匪 非

篚 筐丨 誹 非議 ⿱罪虫 鼻虫

陰去⊙● 癈 痼疾 廢 弛 肺 肝丨 芾 木盛 費 耗丨

陰入〇

陽平〇

陽去〇

陽入〇

2年字母

柳陰平〇

上聲●廉清|平聲璉瑚|輦車|輿也臉面

陰去⊙〇

陰入〇

陽平●奩粧|連接續聯詩鐮鈎|簾竹|濂溪名漣水漪褳褡㡘帳

臁脛|

陽去●斂收|殮殯|煉燒|鍊鍛金熟絲練習|又姓

陽入〇

邊陰平●邊旁 籩竹豆 鞭馬| 褊[illegible] 翩疾舞 編聯續 蹁舞貌

上聲●扁不員 蝙蝠 貶謫 匾額與扁通 藊豆名

陰去⊙●變更改 矕閉目

陰入〇

陽平〇

陽去●便宜也 溿尿也 卞法也又姓 踴躍 汴州

陽入●范姓正音犯 辨分別 辯論 辮交 [illegible]交足難行 弁武|

求陰平●堅固 鏗金玉之聲 兼併 今昔反

上聲●乾卦名 虔恭敬〇俱平聲 檢點

陰去●見看| 劍 劒刀|

陰入〇

陽平〇

陽去●件物|

陽入●儉省 兼搭

氣 陰平●謙遜 愆過 鰜鹹 騫虧也

上聲●搴拔取 褰拔衣涉水〇俱平聲 遣差使 蹇乖

陰去⊙●欠少也 縴牽舡索 簽総仝上 芡實 囝兒也

陰入〇

陽平●鉗火|

陽去〇

陽入〇

直 陰平●顛倒 巔山|

上聲●田畝又姓 畋獵 纏盤|〇俱平聲 典籍 腆不| 廛市| 展開| 輾轉

陰去⊙○

陰入●玷瑕｜坫屏障

陽平○

陽去●纏束縛電雷｜鈿鏌釵｜甸畿｜奠祭｜巔山名墊下也

陽入●佃田人

坡陰平●篇簡｜編聯續偏側

上聲○

陰去⊙●騙哄｜片薄削徧遍週｜鶣惡鷂

陰入○

陽平○

陽去●盼顧｜

陽入○

他 陰平 ● 天地 添加增 莄 飄古天

上聲 ● 筅箒 忝玷辱 覥見貌 諂媚 殄滅

陰去 ○ ⊙

陰入 ○

陽平 ● 鲇魟魚名

陽去 ○

陽入 ○

曾 陰平 ● 詹姓 瞻望 襜衣整貌 尖銳 霑濡 沾染也 鸇鷂屬 煎熬 旃勉 飦粥也

上聲 ● 䏼 箋簡○平聲 攢去毛

陰去 ⊙ ● 薦舉 佔侵｜ 餞別 箭矢 僭竊 戰征｜ 荐仝上

陰入 ○

陽平 ● 占測 錢財 篯彭祖名 潛伏 顫頭不正 邅迍也

陽去●漸積

陽入●賤貧|踐踏尖利

上聲○染作色

日陰平●粘糊拈捻手指|物蛉鳥|

陰去○⊙

陰入○

陽平●年節姩美去女陰

陽去●念思||诵廿二十為|

陽入●捺手按

時陰平●先前鮮新|仙僊仚神|暹日光升也鱻新魚羶羶僊|佛

上聲●閃電陜西省名鮮希少跣赤腳僎人名

陰去●⊙扇箑煽熾盛謆惑

陰入〇

陽平〇

陽去● 善惡反 贍足也 擅自專 膳 饍供| 羨稱贊 墡白土 繕寫 單姓也

陽入〇

鶯 陰平● 煙 烟瑞草 嫣美貌 闉城內重門 胭脂 鄢縣名 燕國名 閹宦官 淹沒 堙埋

諲恭敬貌 禋祀 耶疑詞

上聲● 壬天干 炎勢 簷 簷屋| 仁慈 盈滿 [illegible]肥也 蟬蝵 蟾蜍 瀛大海

嬴勝也 任姓 延遲| 埏地之八際曰| 筵几| 涎口液 莚蔓 然果 撚柔|

燃燒| 蜒蚰名 郔鄭地 𥈽視也 鋋小矛 [illegible]鳥名 綖冠上前後相覆〇俱平聲 冉弱行 髯頰須

兗州名 苒荏|光陰易爾 偃蹇屈抑也 掩遮| 琰圭之美 演操| 蚺大蛇 衍派 剡銳利

陰去⊙● 燕玄鳥 厭足也 饜飽也 宴筵|安|

陰入〇

陽平●鹽海水為|蔫色敗

陽去●仍依舊醃酸⿰鹵𠬶鹹任肩|仞七尺曰|豔穠孕懷胎焰餤⿰火豔燄火氣

媵從女荏苒|稔穀熟

陽入○

問陰平○

上聲●免罷也勉強娩生子冕冠|浼污|

陰去⊙○

陰入○

陽平●緡鳥聲棉絮綿系|連|

陽去●面頭|麵麥灰作者

陽入○

語陰平○

上聲●嚴肅又姓 閻里門又姓平聲 姸美好
陰去⊙●峴山名
陰入○
陽平●閻羅王
陽去●硯筆| 彥美也 諺俗語 驗證 唁弔
陽入○
出陰平●竿 簽竹| 阡陌 虷蝦 蹮蹁| 遷 迁移 褼衣舞貌 籤牙|竹| 僉皆也眾言也
扦 攓揷也 牋 箋紙|
上聲●淺不深 闡明
陰去⊙●韉鞍| 譾陋言
陰入○
陽平●前先|

陽去○

陽入○

非陰平●蜆似蚌而小

上聲●賢聖｜絃弓｜弦琴線嫌疑○俱平聲險危｜顯榮憲仝上儼昂頭

陰去⊙●還複也土音

陰入○

陽平○

陽去●現見顯明

陽入○

3 穠字母 10 種字母

柳陰平○

上聲●倫常綸經｜崙崑｜山名蜦蛇屬

陰去〇⊙

陰入〇

陽平●龍竜鱗屬之長 隆盛 輪車丨 掄擇也 𦪻舡 龓馬丨頭 踚行 靇雷師 攏仝龓又酒器

窿穹丨

陽去〇

陽入●隴高山

邊陰平●曛日氣 崩毀俱平聲

上聲〇

陰去⊙●畚坌埍糞棄物

陰入〇

陽平〇

陽去〇

陽入〇

求陰平●弓箭軍旅君帝也供回官言詞恭敬宮室躬屈身巾士冠皸手足凍裂

觔兩斤仝上又斧丨均平龔姓

上聲●羣眾也群仝上瓊美玉蛩秋虫⿰羣阝地名〇俱平聲拱揖也鞏固

陰去⊙●供給

陰入〇

陽平●窮貧裙褌下裳

陽去●饉丨飢

陽入●郡⿰君巴县鵘雞無尾

氣陰平●穹丨蒼芎丨川笻竹杖邛邑名蛩秋蟲

上聲●恐懼

陰去⊙●爋煙氣上蒸

陰入○
陽平○
陽去●芹菜名柏蠟
陽入○
直陰平●中正忠盡心
上聲●塚墳墓重復○俱平聲鈍不利
陰去⊙●中式
陰入○
陽平○
陽去●仲次
陽入●仲昆|重鄭|
坡陰平○

上聲〇

陰去⊙●噴吐出

陰入〇

陽平〇

陽去〇

陽入〇

他陰平〇

上聲●寵恩愛也尊榮也

陰去⊙〇

陰入〇

陽平〇

陽去●褈疊衣

陽入〇

曾

陰平●鐘鼓 鍾酒器又姓 怎猶何也 終始反 蹤跡 衷誠心 踵足跟 簝竹名

上聲●旬十日 巡查 從依也 蓯蓉藥名 松柏 菘蘿茶名〇俱平聲 煄火初起 聳高 準繩又有度

種粟|菜| 准允也 腫脹

陰去⊙●種栽| 俊美士 竣完工 峻山高 圳田間水道 陖高險 浚水深 駿良馬 鵔鳥名

眾多也 濬深 鐫刻也 縱橫 雋人俊 儁仝上

陰入〇

陽平●逡巡|畏縮

陽去●從隨|

陽入〇

日

陰平〇

上聲〇

陰去⊙〇

陰入〇

陽平●穠䤛 濃淡反 齈鼻液 䵜盛貌

陽去●閏重月 瑘玉名 潤湿 肭不伸 𡏳水土相和

陽入〇

時 陰平●蒿崧山高

上聲〇循環 馴馬善循良 純不雜 恂恭信貌 淳朴 郇國名 徇使 詢問 珣玉名 殉塟

狥從〇俱平聲 筍竹芽 筍仝上 荀姓

陰去⊙●舜虞帝 橓木名 鵔鳥名

陰入〇

陽平〇

陽去●順直也 訟控｜ 誦讀 頌祝

陽入〇

鶯陰平●雍和也 云日 饔飧朝食曰|夕曰飧 雝鳥聲和 磤雷聲 廱廦 癰疽毒甚 邕和 傭俸

慵憂 塕塵 蓊蠮|

上聲●容儀| 庸平常 鄘國名 墉城垣 牅牆也 淳樸 傭雇工于人 慵懶 鏞大鐘 嫞婦懶

榕木名 唇口| 蓉芙| 溶水盛 匀齊也 筠竹膚 戎兵| 融和 絨練系 娀有|氏

毧細毛 耘除禾草 𢒫形| 愹喜心 鎔銷| 髶髮長 紜紛| 茸鹿| 云語也 芸香中

雲風| 榮華 嶸崢| 螢光虫 縈旋繞 瀠水繞 瑩假玉〇俱平聲 勇強 湧泉溢

踴躍跳也 灉溪水入河 芛花初生 俑從葬木人 允肯也 永遠 滎|陽

陰去⊙●揾納物水中 擁推|衛也 壅塞 臃腫也

陰入〇

陽平〇

陽去●用使| [illegible]罌 殞歿 隕墜 韻 韵音| [illegible]病 運移 愪憂也 詠歌| 泳遊

陽入〇

問語陰平〇

上聲〇

陰去⊙〇

陰入〇

陽平●銀 白金 齦 齒|

陽去〇

陽入〇

出陰平●春 首季 椿 木多壽 騞 駿馬 茺 益母中 充 足 冲 直飛上 舂 白 從 容 忼 心動

萶 中名 种 姓 衝 撞又通道

上聲●蠢 愚 惷 亂也 謬 言相觸怒

陰去⊙●銃 鳥|小砲 ⿰聚支 不迎自來

陰入○

陽平●翀飛 烇火氣侵上

陽去○

陽入○

非陰平●凶吉| 胸前身 薰名中名 訩訟 兇惡 醺微醉 纁絳色 酗使酒亂性 勳 勛功勞
匈奴夷狄之國 獯仝上 壎樂器 兄弟 訢喜樂 昕日將出 焮火氣炙也

上聲●雄英|平聲

陰去⊙●訓教| 眷星名 鷚妖鳥 奮飛揚

陰入○

陽平●猩人熊又音星 熊猛獸又姓 雄雌|

陽去○

陽入○

4 梅字母

柳陰平●楇木節 纇系節 瘤肉起

上聲●纍系也 縲絏 羸赤體 羸瘦| 蠃螺|虫名○俱平聲 蕊 蘂花未開 儡傀| 壘軍壁 蘽實律五月

蘲葛籐 瘰癧 累重疊 誄哀死

陰去⊙○

陰入○

陽平●雷霆又姓 擂研

陽去●擂槌| 耒耕| 磊衆石 銇鑽孔 攂搖也

陽入●䉓盛魚 罍酒器 虆盛土 捋取也

邊陰平●盃杯酒| 卑尊| 悲傷| 俾使也

上聲●培栽| 裴姓 陪貳○俱平

陰去⊙●貝寶| 唄梵音 垻陂 浿水名 鰤魚名食之殺人 萯母药名 背脊 褙褙 輩朋|

鍡 刀丨 颶 海中大风 珮 環丨 縃 襦也 帔 霞丨命妇之衣

陰入〇

陽平● 賠 補

陽去● 焙 火丨

陽入● 倍 加丨 孛 宿名 背 反違 誖 亂也 狽 狼丨 悖 亂 ⿰扌⿵几巾 撥

求陰平● 梯 楼丨土音

上聲● 粿 糍丨 傀 儡線戲 裹 包丨

陰去⊙● 髻 髮鬃梳成 撅 手有所碍 鱖 鱼名 薈 中木盛也

陰入〇 骨 肋丨 國 邦丨 幗 妇冠

陽平〇

陽去〇

陽入● 滑 汑 不澁

氣陰平●魁居首　蘳藤　奎宿名　盔甲　櫆北斗星

上聲○

陰去⊙●儈牙人　劊劌子手持刀殺人　餽送　噲燕王名　饋中｜　檜香木　塊土｜　劂曲刀

媿愧慚｜　瞶目風病　憒心亂　澮溝｜　膾牛羊腥　獪狡｜　璝玫　潰亂　繪画

陰入●壑山坑　涸水竭　窟孔穴　淈不多水

陽平○

陽去○

陽入○

直陰平●堆　碚聚土石

上聲●籉笠　檯棹　臺閣　薹草菜平聲　短不長

陰去⊙●對成雙　䨴雲繁　薱中盛　懟憞憝仇恨怨恶　兑换又卦名　碓春米　隊伍

陰入●奪强取　裰補衣　掇携也　笜笋初出　綴聯也

陽平〇

陽去●岱五岳之長 貸借｜ 代世｜ 袋布｜ 玳瑁 黛黑色

陽入〇

坡陰平●坯未烧缶器 醅酒｜

上聲〇

陰去⊙●配匹｜ 沛大雨 霈露 怖恨怒 ⿰𧾷市急行 佩服

陰入〇

陽平〇

陽去〇

陽入〇

他陰平●推托 胎懷孕

上聲●腿跤｜ ⿸疒退漲｜风病

陰去⊙●退進反蜕蟬壳
陰入●脱解丨⿰兑皮剥皮剥也侻狡也輕也
陽平●擕⿰火追湯
陽去〇
陽入〇
曾
陰平〇
上聲●裁剪財寶才能材木〇俱平聲
陰去⊙●睟週歲
陰入●卒死也又兵丨⿰率刂断物
陽平〇
陽去●坐立
陽入●罪犯辠仝上最尤也

日陰平〇
上聲●孱男陰又音遼
陰去〇⊙
陰入〇
陽平〇
陽去●内外
陽入〇
時陰平●衰盛反又瘦也　廋不肥　縗丧衣　蓑棕衣　腮　顋面頰又音思　㾕病也耗也
上聲〇
陰去⊙●賽鬬勝
陰入●刷洗丨　蟀蟋丨虫名　窣窸丨聲不安也　䃤小石
陽平●螺壳属蛳也

陽去〇
陽入〇
鶯陰平●煨熻 偎卑
上聲●回歸也 徊徘｜ 茴藥名 迴避〇俱平聲 𣂏未平桶又音劣
陰去⊙●欲喜｜土音
陰入●物｜器
陽平●禾稻 沬水名
陽去〇
陽入●杌梼｜ 兀不動貌
問陰平〇
上聲●每常 莓蒔
陰去⊙●莫勿也土音 毋不

陰入〇

陽平● 梅木名又姓 霉四月小雨 枚箇 ⿰歹某 ⿰氵某壞也 媒妁 䤈? 醋也 腜胎始兆 鋂環也 煤火炙

黴物濕而生黑点 鶜以鳥誘鳥

陽去● 昧晦｜ 魅魑 寐寤 䵢浅黑

陽入● 没埋｜ 歿死

语出陰平● 崔姓 催逼促 漼深也 璀璨

上聲● 采色 彩文｜ 綵繪｜ 埰卿大夫地 採摘取 㥒好 ⿸疒采病也 踩踏 ⿰采阝地名

陰去⊙● 碎破 ⿰卒瓦瓦｜ ⿰石最小石

陰入● ⿰卒刂切也 猝倉｜

陽平〇

陽去〇

陽入〇

非陰平●灰火化㶣大也詼諧恢復徽美也

上聲●火水兙

陰去⊙●毁壞譭謗賄受私悔退晦不褱粽

陰入●惑疑丨忽悠然或未定之词笏牙丨㦌吐乱病惚恍丨

陽平●回轉洄水逆流硋缶属硘仝硋

陽去●佛僊神丨會合核桃又果中仁又音黑

陽入〇

5兒字母

柳邊求氣直

坡他曾日時

鶯陰平〇

上聲●兒子而承上起下之詞〇俱平聲爾尓你也

陰去⊙〇
陰入●哊吐聲咠詩聲
陽平〇
陽去〇
陽入●飽飽聲㱿瘀聲
問语
出非

6 黃字母

柳邊
求陰平〇光明桄木名〇去聲胱膀|
上聲●狂猖|平聲廣寬大桿柴|鑛铁也鈚银鏷
陰去⊙〇

陰入●卝揔角

陽平〇

陽去〇

陽入●橫床棹之丨

氣陰平〇

上聲●曠寬大擴推廣

陰去⊙●況且貺賜

陰入〇

陽平〇

陽去〇

陽入〇

直坡他

曾日時

鶯陰平● 汪洋又姓

上聲○ 皇帝| 凰鳳| 隍城| 媓堯帝后 亡夭死 忘失記○俱平聲 往來| 罔無也 網羅|

枉冤|

陰去⊙○

陰入○

陽平● 王帝|又姓 黄采色又姓 癀病| 磺磂| 惶恓| 簧笙|乐器 ⿰黄殳蛋中黄

陽去● 妄誣诳 望仰| 旺興

陽入○

問语出

非陰平● 荒蕪| 慌忙 肓膏|

上聲● 恍惚 謊虛言 晃日光 驩齊之嬖臣 轟雷响

陰去⊙〇

陰入〇

陽平●橫不直楻桶|煌輝|

阳去〇犯罪|氾濫範模|汎廣也

陽入●

7 犂字母

柳陰平〇

上聲●來至也筴竹器萊香屮〇俱平聲

陰去⊙〇

陰入●⿰石來小磨瀨灘|

陽平●犂田又姓

陽去●賴倚藉又姓癩⿸疒來惡疾籟竹聲誺賚誤也

陽入● 鐾 拜佛

邊陰平● 鉋 烙｜ 笓 竹｜

上聲● 牌 票 誹 謗 徘 徊 棑 柴｜○俱平聲 擺 搖｜

陰去⊙● 拜 揖 湃 水名 ⿱拜廾 中名

陰入● 八 捌 数名

陽平● 排 鋪｜列｜

陽去● 罷 休也 敗 輸也 扒 拔

陽入○

求陰平● 皆 偕 俱也 喈 鳴聲 該 應當 雞 窓禽 魨 魚 街 巷 堦 梯 階 仝上 垓 界也守也又地名

上聲● 鮭 鹹魚○平聲 ⿰魚奇 改 更｜ 解 釋 澥 海之別名

陰去⊙● 解 元又押｜ 廨 公｜ 疥 ⿸疒解 癬 ⿰亻戒 价 僕 魪 比目魚 界 世｜ 戒 儆｜ 誡 告｜

玠 大圭 介 耿｜ 芥 中名 屆 至也 丐 乞｜ 悈 急也 炌 明火 蚧 蛤 爿 片

陰入●茦（賁|）

陽平〇

陽去〇

陽入〇

氣陰平●溪谿（河）

上聲●揩（拭垢也〇平聲）楷（式）闓（閉也）鍇（好铁）覬（覦）凱（师勝曰|）塏愷（悌）鎧（甲）

陰去⊙●企（望）契（券）暨槩（一|又及也）嘅（叹聲）慨愾（慷|）

陰入〇

陽平〇

陽去〇

陽入〇

直陰平●獃佁𤸷（痴|）歹（呆也）

上聲●泜水｜擡舉也○俱平聲底下苪遮蔽也軧｜鞋

陰去⊙○

陰入○

陽平●蹄獸足

陽去●逐驅｜

陽入●逮迨及也怠懈殆危待候

坡陰平●㱟割肉

上聲●肦片也𡡉歪脚

陰去⊙●派科｜

陰入○

陽平○

陽去●憊困極稗黍｜秕似稻

陽入〇

他陰平●台三公之稱 駘劣馬 胎孕

上聲●擡杠|

陰去⊙●𠥶棹櫥| 替換 韉鞍| 態体|

陰入〇

陽平●苔蘚

陽去〇

陽入〇

曾陰平●齋潔也 齋學堂 𩟔 𥼺飯餅

上聲●豺獸名 齊整〇俱平聲

陰去⊙●債借貸於人 𦇎苧絲

陰入●節年|

陽平〇

陽去〇寨營|塞山|截斷也

陽入●在存也豸獬|

日陰平〇

上聲●乃迺語詞奶妳乳母俗作娘稱

陰去⊙〇

陰入〇

陽平●泥土埿塗

陽去●耐忍奈何鼐鼎柰果名似李

陽入〇

時陰平●西東|恓惶樨木|桂花篩熊屬釃傾酒箵竹|

上聲〇洗滌|璽玉印徙移葸恐懼屣躧草履

陰去⊙●細(嫩)晒曬(日曝)粞(米碎)

陰入〇

陽平〇

陽去〇

陽入〇

鶯

陰平〇挨捱(延|)唉(非然聲)

上聲●鞋鞵(襪〇平聲)躷矮(身短)

陰去⊙●隘(險|)翳(障蔽)

陰入●⿰魚乚(黄|魚名)

陽平●埃(塵|)

陽去〇

陽入●欸(嘆聲)歎(急氣聲)

問陰平〇

上聲●買賣

陰去⊙〇

陰入〇

陽平●埋藏霾風雨迷蒙

陽去●賣買對邁老人譪誇｜勱勉力

陽入●蕒菜

语陰平〇

上聲●嵦山名⿰殳豈杀羊出胎〇俱平聲

陰去⊙〇

陰入●宧户樞聲刈割也⿱乂心懲也

陽平●呆好反倪姓霓虹堄城上女墻崖山石之高厓山邊漄水邊

陽去●艾姓 碍 礙関｜ 疑惶駭

陽入○

出 陰平●差使 釵簪｜

上聲●猜疑 纔方｜○俱平聲 採摘取 踩踏

陰去⊙●[illegible]米粉

陰入○

陽平●纔少頃

陽去○

陽入○

非 陰平○

上聲●孩童 骸屍 邂逅 諧和｜○俱平聲

陰去⊙○

陰入●瞎瞽｜

陽平●咍笑聲

陽去●械器｜ 薤葷菜 蠏蟹螃｜

陽入●嗐歎聲 喊喝聲 [口+解]怒言

8 田字母

柳陰平○

上聲●冷寒也又姓 泠水名

陰去⊙○

陰入○

陽平●玲似鐘而小 薐菠｜菜 菱角 零碎 零落 仂数之餘 蓮荷花 帘酒市

陽去●藺草名又姓 朌片也

陽入●獰猙｜犬毛多貌

邊陰平● 班列 斑雜色 頒賜也 冰水凍 瘢痕 奔走 犇牛走

上聲● 瓶酒器 彭姓 朋侶 硼砂 鵬最大鳥 崩頹 痭女人血不止 幽绳墨○俱平聲

眅目反多白 坂 岅坡丨 窉 嵭丧葬下土 堋墙隕 鈑鉼金 板 版柴丨 㾬吐痰

陰去⊙○

陰入○

陽平○

陽去● 辦備丨 扮粧丨又音粉

陽入○

求陰平● 肩膊 間隔又中丨 庚年紀又天干名 肱股丨 耕 畊種 觥酒杯 鶊鶬丨 奸宄丨詐 姦滛

艱難 跟隨

上聲● 㘚口含平聲 簡略 柬帖 耿小明 褧禪衣 炯光明 烜文明 迥寥遠 揀擇 繭蚕絲

梗 桔｜藥

陰去⊙●涶 水名 諫 直言 澗 夾水

陰入○

陽平●更 改｜

陽去○

陽入○

氣陰平●牽 扯 硜 小石 豣 豕

上聲●肯 允許

陰去⊙○

陰入○

陽平○

陽去○

陽入○

直陰平●登升丨丁家人又姓燈灯籠釘鐵丨嬁美女叮寧酊酩将醉疔險瘡瞪直視

璒石似玉玎璫

上聲●澄邑名騰升丨亭榭豚鷄豕滕國名又姓根門兩旁木○俱平聲等第䒭待也頂高處

戥厘丨

陰去⊙●訂期約凳椅條釘以釘丨物鐙馬踏

陰入○

陽平●藤蔓草籐蘿謄録填塞嗔怒

陽去●殿堂高鄧姓靛染青錠銀丨軑不平丨平

陽入●捵手推

坡陰平●攀扳援烹煮鐐鍊金

上聲○

陰去⊙○

陰入○

陽平○

陽去●辦葉｜ 瓣瓜｜ 盼目分黑白

陽入○

他

陰平●廳堂 蟶蛤 汀沙 桯木可作甑

上聲○

陰去⊙○

陰入○

陽平●潭深水 穜香氣 鐔劍名 澄水｜清 曇雲布

陽去○

陽入○

曾陰平● 曾姓 鄫国 罾鱼網 爭競 琤 崢嶸 臻至也 蓁葉盛 榛果名似栗 狰獸名

箏風| 憎惡

上聲● 曾常也 層重疊 橙似柑〇俱平聲 剪裁 㨵切也 翦羽 戩穀

陰去⊙● 仐斜| 甑炊飯器

陰入〇

陽平〇

陽去● 增益 鋥磨劍 贈送也 諍諫|

陽入● 矰短羽矢 狰獰毛多 歕笑語

日陰平〇

上聲● 能有才 嚀叮| 濘泥 寧安也 饓内充寔〇俱平聲

陰去⊙〇

陰入〇

陽平●⿴囗乳 小儿所食 脫 仝上

陽去●甯 所欲 釀 酒

陽入〇

時陰平●生 活 先 前 羴 羊⿰羊星氣 笙 樂器 甡 並立 甥 舅 星 斗 森 眾木 參 人｜又宿名

⿱罒參 經也 惺 子慧 猩 人熊 ⿰羊星 羶 僧 释门

上聲●醒 睡〇平聲 省 儉｜｜悟 ⿰口省 慎言

陰去⊙●滲 漏也 槮 木名

陰入〇

陽平●鱗 魚甲 蠅 青｜

陽去〇

陽入〇

鶯陰平●恩 泽 鶯 黄鳥 櫻 桃 鸚 鵡 薨 諸侯死

上聲●珩玉名 閒閑暇也 衡權 行發步 恒常 姮娥〇俱平聲 梘竹槽

陰去⊙●譍言語相对

陰入〇

陽平〇

陽入〇

陽去〇

問

陰平〇

上聲〇

陰去⊙〇

陰入〇

陽平●閩福建 朧身大 恾愚| 岷野人 蠻夷

陽去●慢不敬 謾言不定 嫚侮| 孟長也又姓 蔓京子藥名 漫曰

陽入○

語陰平○

上聲●顏色又姓○平聲眼目研搥｜

陰去⊙○

陰入○

陽平●顏容

陽去●雁鴈鴻｜硬不軟岸水旁高地听聲也贋伪物

陽入○

出陰平●千百仟千人之長

上聲○

陰去⊙●襯近身衣⿰曾彡張羽貌倩好輔掙硬｜櫬棺也

陰入○

陽平●田畝撐攤舡憎惡

陽去○

陽入○

非陰平●亨通

上聲●罕罕少也悻怒貌諱利害

陰去⊙○

陰入○

陽平○

陽去○恨怨丨限界丨期丨莧赤梗菜名行德丨杏白果幸寵丨倖徼莕蘅水菜葉浮水面

陽入○

9園字母

柳陰平○

上聲○

陰去⊙●袟⿰衤替紩縫衣

陰入○

陽平○

陽去●戀不舍

陽入○

邊陰平●分不合

上聲○

陰去⊙○

陰入○

陽平○

陽去●飯米煮

陽入○

求陰平●捐（棄）娟（蟬）鵑（杜｜）狷獧（狂）謇（直言）關閞（閉又音官）根（本）涓（擇）肕（骨）

上聲●權（暫也平聲）捲（收藏）犈（牛鼻索）囝（兒）

陰去⊙●魚歲（細魚鱗）建（树立）慣（久習）眷（親｜）絭（束腰繩）巻（書｜）券（契｜）犍（犗牛也）

陰入○

陽平●絹（綾｜）墘（旁邊地）

陽去●縣（邑）近（不遠）徤（康｜）鍵（鑰）踺（行）倦（困）鞬（盛弓矢器）

陽入●毌（物可以持手与母毋不同）

氣陰平●圈（屈木为｜）圜鐶（手｜）環（玉｜）帣（童子帽｜）闤（市垣）還（選）

上聲●犬（狗也）

陰去⊙●勸（勉）劝（力勉又）

陰入○

陽平○

陽去○

陽入○

直陰平○

上聲●傳述 團圓○倶平聲 轉輾|不安 囀鶯聲

陰去⊙○

陰入○

陽平○

陽去●篆字 傳古書

陽入●瘯困極 懶惰又音覽 閬門限

坡他陰平○

上聲●剗治田器

陰去⊙○

陰入○

陽平○

陽去●傳 揚

陽入○

曾

陰平●磚 瓦 顓 謹也 專 自丨擅也 耑 仝上獨也

上聲●全 俱備平聲

陰去⊙○

陰入○

陽平●泉 潔水

陽去●戝 不貴 漩 水回音旋

陽入○

日陰平○

上聲●軟不硬阮姓

陰去⊙○

陰入○

陽平○

陽去●韌难斷

陽入○

時陰平●宣召也伸屈反

上聲●旋轉也漩水回遄束也還歸也嫙好也璇玑丨○俱平聲選擇瞬息纆繩鏇銅器

陰去⊙●線缝衣缕

陰入○

陽平○

陽去●選拔 蟮蝛|

陽入○

鴛●陰平冤屈 鳶鴟類 鴛鴦 淵海 彎曲 灣水曲 踠體曲

上聲●舡舟也 完畢 洹水名 纨輕 猿猨似猴 褤袖| 垣墻| 轅轉輪 圓團| 員缺○俱平聲

員缺| 袁姓 媛美女 篴竹器 遠近反

陰去⊙●怨恨 晏早反

陰入●慍不悅

陽平●鉛黑錫 緣由 丸彈| 沿順流

陽去●遠離 衍妓館 暈日月傍氣 媛美女 苑囿 爰于也

陽入○

問語陰平○

上聲○

陰去⊙〇
陰入〇
陽平●黿大鱉 原本丨又姓 元始也 沅水名 邧邑名 源水本 嫄姜丨
陽去●願 愿心肯 原鄉丨 院衙丨
陽入〇
出 陰平●川山丨 穿貫串 銓衡 ⿰王穿玉器
上聲●癬乾疥
陰去⊙●釧釵丨 串貫丨 ⿱竹舛以竹丨物 汌水名
陰入〇
陽平〇
陽去〇
陽入〇

非陰平●軒轅喧嚷閙諠譁萱鹿葱草諼忘也

上聲●舷舡旁鉉鼎耳炫耀懸掛掀揭〇俱平聲

陰去⊙●獻献奉上絢采色憲法楦楥鞋｜

陰入〇

陽平●園囿

陽去〇

陽入〇

11茄字母　21厝字母

柳陰平〇

上聲〇

陰去⊙〇

陰入●畧略簡｜掠擄｜

陽平○
陽去○
陽入○
邊陰平○
上聲●補完衣
陰去⊙●布帛
陰入○
陽平○
陽去●嚼咀步行丨
陽入○
求陰平○
上聲○

陰去⊙〇

陰入●脚足也

陽平●茄似匏而紫 跔偏足跳

陽去〇

陽入〇

氣陰平〇

上聲〇

陰去⊙〇

陰入●却卻郄辞去又来 躩盤碎貌 戄驚| 玃猴 钁大鉏 蠼屈伸虫

陽平〇

陽去〇

陽入〇

直陰平○
上聲○
陰去○⊙
陰入○
陽平○
陽去●路街｜又音露 着是也 爝爍火烧也又音勺
陽入●着委令
坡他曾陰平○
上聲○
陰去⊙○
陰入●借假貸 酌斟也 着寔又穿｜ 勺合又音爵 炙火｜
陽平○

陽去● 石岩又姓 鼫鼠 妬女又音妒

陽入● 嚼咀|

日陰平○

上聲○

陰去⊙○

陰入○

陽平○

陽去○

陽入● 箬篛葉也 嬝嫋|弱貌

時陰平○

上聲○

陰去⊙○

陰入● 削刮| 拾掇 箾箭竿

陽平○

陽去● 蓆卧具

陽入○

鶯

陰平○

上聲○

陰去⊙○

陰入● 若似也 約契| 鑰锁| 弱柔| 籥管| 蒻蒲 躍踴|跳也 谒訪又音揭 箬笠

陽平○

陽去○

陽入● 藥治病

問

語陰平○

上聲〇

陰去⊙〇

陰入●虐暴｜ 謔戏言 瘧寒病

陽平〇

陽去〇

陽入〇

出陰平〇

上聲〇

陰去⊙●厝人居

陰入●尺寸 芍藥 灼媒｜ 杓杯｜ 勺飯器之小 雀鳥｜ 鵲喜｜ 爵禄亦鳥名

婥美好貌 灼焯火光 綽寬裕

陽平〇

陽去〇
陽入〇
非陰平●靴連襪鞋
上聲〇
陰去⊙〇
陰入〇
陽平〇
陽去〇
陽入〇

12蘇字母

柳陰平〇
上聲●羸瘦｜平聲

陰去⊙〇

陰入〇

陽平〇

陽去●賴（倚藉）

陽入●辣（味辛）

邊陰平〇

上聲〇

陰去⊙●簸（籭屬）

陰入●钵砵（盂）撥（挑｜）茇（蓽｜）

陽平〇

陽去〇

陽入●鈸（鐃｜銅器）

求陰平●乖戾⿸疒乖惡瘡⿰石乖碎也
上聲●拐帶⿰盖頁頭｜踝足拗盖覆物密
陰去⊙●蓋葢盖掩覆語詞怪奇異鮭魚名芥菜名幻妖
陰入●鋤掘田器葛夏布又姓
陽平○
陽去○
陽入○
氣陰平○
上聲●蒯菅屬又姓
陰去⊙●快樂⿰犭夬狡也
陰入●濶不窄
陽平○

陽去〇

陽入〇

直陰平〇

上聲●魋袖獸又人名平聲 戴穿丨

陰去⊙●戴頂丨又姓 帯束衣 㿃赤白丨女人病

陰入●達通丨

陽平〇

陽去●大小反

陽入●蓬菜名 柁 舵舡後梢 待欵丨

坡陰平〇

上聲〇

陰去⊙●破裂 柿削下木片俗作林字非

陰入●潑澆散

陽平○

陽去○

陽入○

他陰平○拖紳垂

上聲○癲惡疾土音

陰去⊙●泰安丨太大也傣奢丨

陰入●麬粟之粗太過也汰草也

陽平○

陽去○

陽入○

曾陰平●哉疑詞栽禍災灾害渽水也賳貨也

上聲●寀烹| 宰主| 載年| 縡事| ⿱艹宰蔬|

陰去⊙●載记 儎裝| 再重復 ⿹𢦏黑染

陰入●紮細|

陽平○

陽去●最尤也 ⿰祟蚤似蟬而小扁頭有兩長足常伏壁隙書櫥有螯

陽入○

日

陰平○

上聲●餒凍|餓也 鮾魚敗 ⿰妥風風動

陰去⊙○

陰入○

陽平○

陽去○

陽入〇

時 陰平● 沙小石 鯊魚名胎生

上聲〇

陰去⊙● 師主将

陰入● 殺诛戮 煞神| 杀 卒辣 薩菩|

陽平〇

陽去● 潵水名

陽入〇

鶯 陰平● 哀惆也悲痛之聲 孬不好 歪斜 唯應聲

上聲● 懷思念 槐木名 淮水名〇俱平聲 騃|痴 诿倚立

陰去⊙● 愛情| 嫒女也 瑷玉名 賹贖

陰入● 䆀色敗也 ⿰鼻頁鼻梁

陽平〇

陽去〇

陽入〇

問陰平〇

上聲〇

陰去⊙〇

陰入●抹塗| 秣飼馬

陽平●蔴麻似苧 磨刀

陽去〇

陽入●末本| 韈靺足裳

語陰平〇

上聲●巍峞山高 嵬崔|平聲

陰去⊙○

陰入○

陽平○

陽去○

陽入●我 自稱

出

陰平○

上聲○

陰去⊙●蔡 中芥又姓

陰入●察 監｜

陽平○

陽去○

陽入○

非陰平〇
上聲●海滄溟烸燥也榅酒器醢肉醬虺馬病
陰去⊙〇
陰入●喝怒聲
陽平〇
陽去●害灾丨⿰女害妬心壞破丨饟食收亥地支轄車軸
陽入〇

13吴字母

柳陰平〇
上聲●蘆芦葫丨艫舳〇俱平聲魯不敏櫓舡搖則進擄掠劫也鹵莽虜獲也
陰去⊙〇
陰入●碌庸丨勞丨盝匳丨用獸名

陽平● 爐 灶| 盧 姓| 鱸 魚名 鸕 鷀捕魚鳥 臚 傳|唱名 蠦 蟾似蟹 顱 頭| 艫 舡 蘆 草名

[illegible] 山名 廬 舍

陽去● 澛 滷 盐汁 露 雨| 路 道| 潞 州名 璐 美玉 輅 車 鷺 鷥 賂 賄| 嘑 呼犬

陽入● 禄 福| 鹿 |麋 [illegible] 耳鳴 麓 山足 [illegible] 趚|走聲

邊陰平○

上聲● 補 綉| 譜 牒 葡 萄本從蒲今多用| 匍 匐

陰去⊙● 佈 遍 怖 惶懼 布 政藩憲

陰入● 剝 皮 卜 占 不 弗也 腹 肚音復 僕 奴 勃 然 觳 觫懼死貌

陽平○

陽去● 步 行也 捕 擒捉 縛 綑| 哺 飽也 埠 頭寫舡处

陽入● 簿 冊| 部 屬也 蔀 藥名

求陰平● 姑 祖之女又且也 沽 買也 辜 負又姓 孤 单 鴣 鷓| 罛 魚網 岵 山無草木

上聲●詁訓|糊米煮○俱平聲鼓鐘||舞盬器也盬茶古昔日羖牝羊估價罟網也賈商|

瞽無目牯牝牛鈷溫器股肩蠱惑嘏福也

陰去⊙●錮禁|僱倩|雇庸|顧盼又姓故緣|固堅|痼久病

陰入●谷山|角獸頭生穀米唂鳥鳴觕牛鬪轂車鵠鳥名桷桎扳嚳帝號

陽平●觚酒器正音

陽去○

陽入○

氣陰平●箍桶枯無葉乾木骷髏

上聲●苦困|酷味|虎猛獸琥珀𧈭蠅|

陰去⊙●庫府|褲裙|

陰入●壳殼皮甲㱿蛋|哭啼也酷貪|

陽平○

陽去〇

陽入〇

直陰平● 都帝居 闍城去臺陰

上聲● 圖畫 徒空也師| 啚墩 瘏病也 途道 荼苦菜 蒤醿花名 塗抹 屠宰又姓

纛旗〇俱平聲 堵墻| 睹賽 貯裝| 詸語不了

陰去⊙● 蠹魚咬書虫 妒 妬忌

陰入● 讀誦 裻新衣聲 督率 篤厚 笛笋| 獨孤| 築砌| 犢牛子 牘版| 匵櫃|

瀆溝| 瀆觸煩 跌倒土音 𢸥手|物齊 擿抽 覿目見 犢閩牛

陽平〇

陽去● 度法| 杜鵑又姓 渡濟| 荰草香 肚腹 鍍金

陽入● 毒蠱| 獨孤|

坡陰平● 鋪陳列

上聲●圃園 浦港 甫始也大也 溥博 普丨遍 譜牒 輔助 哺反丨

陰去⊙●鋪賈舍

陰入●卜卦 ⿺走复兩手據地

陽平○

陽去●曝 暷日晒

陽入●⿰立孛物聲

他陰平○

上聲●土五行中央

陰去⊙●吐吞反 凸凹對 朏出也 兔鹿丨 菟系

陰入●秃盡處 ⿰窟刂剌人 挩杖指 怵惕驚貌 突唐丨 ⿰賣刀刀傷 怞憂

陽平●涂水名又姓音徒

陽去○

陽入○

曾陰平●租穛 孳畜 恣縱肆 茲今也此也 嵫崦日出處 資質又藉也 滋潤 鎡田器 姿丰

咨諮問也 鶅蛋初出 孜勤 ⿱止皮皮縐 粢祭米 趦趣 齊衣不縫

上聲●詞言丨 辭不受 祠宗廟 慈悲 磁硋聲平俱 祖宗丨又姓 紫采色 子孫 梓桑丨

狙豆 阻隔 砠土山戴石 徂往也 沮止也 咀嚼 詛咒

陰去⊙○

陰入●喌呼鷄之聲

陽平○

陽去●助幫丨 胙祭肉 祚福也

陽入●自己 譎私言 族宗丨 蔟花丨

日陰平○

上聲●帑孥妻子平聲 努勉力 弩猛箭

陰去⊙●諏言不可解

陰入○

陽平●奴僕

陽去●怒|憤

陽入○

時陰平●蓏小木又姓 蔬菜| 疏稀| 踈遠 酥酪 獅象 螄螺名 師先生 偲詳勉

思想 甦死而復生 私不公 嘶馬鳴 梳整髮具 斯此也 緦麻 腮頤頰面

厮庸賤 厠穢室

上聲●所處| 史古書又姓 晰明也 㒋役也

陰去⊙●疏章 數数目 訴愬告| 塑粧| 素白也 駟馬四匹也 賜予也 泗水名

肆放| 姒褒| 似像 俟侍也

陰入●束縛| 倏忽然間 速迅| 觫觳| 塉坌塵 謖興起貌又人名 孰誰也 颯風聲

陽平〇

陽去●事務 士儒 飼食飯也 伺候 仕宦 嗣續 露霜 巳地支 祀祭｜

涘水名 竢立待

陽入●鉞鋸聲 趚趚走聲

鶩陰平●烏黑也 堊塗墻 鄔姓 塢 嵨山谷之阿 迂濶

上聲●巫道士又姓 誣詐 亡 亾無也 菰香｜ 扶持 符合又姓 苻草名 無虛｜ 无易無

胡何姓又 毋莫也 鬍頰髮 楜椒 蝴蝶 葫芦 湖江｜ 瑚璉 餬寄食 狐狸

壺飲器 弧弓 滹江也名 鳧水鴨〇俱平聲 娬好貌 鵡鸚｜ 撫養 侮慢 鈷溫器 舞歌｜ 廡廊｜

嫵媚 膴肥貌 蕪荒｜ 武勇也又姓

陰去⊙●惡憎 瘀積血

陰入●屋人居 勿莫也 渥澆｜

陽平●惡驚嘆 於嘆美 嗚嘆聲 污 洿濁 汙穢

陽去●務事｜霧雲｜騖馳｜瞀目昏婺女星

陽入●虜虎吼

問陰平〇

上聲●嫫姆｜黃帝后謨謨｜〇俱平聲母父｜姆女師姥嬷

陰去⊙●暯不現

陰入●歿歾死穆深遠繆仝上又姓睦和沐浴

陽平●摹寫模規｜｜樣

陽去●暮夕也慕思｜墓坟｜戊十幹名暯不明募化

陽入●木樹目眼也

語陰平〇

上聲●吾自稱珸美玉娪美女梧桐樹〇俱平聲忤逆仵倅收尸人

陰去⊙〇

陰入○

陽平●吳姓琞琨|劍名蜈蚣

陽去●誤謬也悞過失悟覺晤對|寤寐

陽入●五数名伍仝上營|又姓午時日方中

出

陰平●初起|麤粗嫩反芻中也

上聲●鶵小鳥平聲此玆也楚國名又萇|

陰去⊙●次第酷醬|佽盇茨刺也栨門|刺譏|措置

陰入●撮挽也攥去毛矗直也[illegible]風聲

陽平○

陽去●覰看也鑿鑽孔音濁

陽入●戳筑也春也

非

陰平●夫大|又發語詞膚肤肌|敷施麩麬麥皮灰戲嘆聲孚寔信莩葭罦綱也

桴筏也 俘囚也 呼喚 蚨蜻｜ 乎詞疑

上聲● 鈇鉞 扶持○俱平聲 府庫 俯仰 腑胕｜ 釜鼎也 斧刀｜ 黼黻 簠簋

陰去⊙● 傅教也又姓 富貧｜ 副正｜ 付交｜ 赴奔｜ 賦詞｜ 賻財物助喪 瞨目花

陰入● 福祿 弗不也 服下裳 笰輿 幅邊｜ 黻黼 艴不悦怒貌 佛 髴彷｜ 蝠蝙｜

輻輳 沸泉滚又音芾 覆傾｜ 籆 彠度也 馥香氣 刜斷｜ 茀中名 復再也 拂拭

由頭鬼 襆膝 鑊鼎｜ 護衛 獲得也 畫字｜ 伏俯｜

陽平● 戲於｜歎聲

陽去● 父生我者 附依｜ 斛量器 鮒魚名 服敬信 負荷｜又背也 婦 媍夫｜ 駙馬 護衛

戶單門 伏埋｜ 訃告喪 扈跋｜又姓 腐敗｜ 互交 仆偃｜ 茯苓 袱包｜

陽入● 窢風聲 呾吐聲

14 舍字母

柳陰平○

上聲●剌 割声

陰去⊙〇

陰入●靸 無跟鞋又小屐

陽平〇

陽去〇

陽入●[illegible] 飾屬

邊陰平〇

上聲〇

陰去⊙〇

陰入●壁 墻|

陽平〇

陽去〇

陽入〇

求陰平●迦釋|佛伽藍袈裟

上聲〇

陰去〇⊙

陰入〇

陽平〇

陽去〇

陽入●屐雨鞋

氣陰平●枝樹|音支

上聲〇

陰去⊙〇

陰入●[illegible]鼓擊聲[illegible]無愁貌齧咬聲[illegible]口中斷

陽平○

陽去○

陽入●[illegible]石不平

直陰平○

上聲○

陰去⊙○

陰入○摘采丨

陽平●蜘蛛

陽去●纙買

陽入○

坡陰平○

上聲●竮脚歪

陰去⊙〇

陰入〇

陽平●蹡足行不正

陽去〇

陽入〇

他

曾

陰平●遮蔽　罝兔網　嗟咨|嘆聲

上聲●邪奸|　斜歪|〇俱平聲　姐女兄　者稱人又語詞

陰去⊙●蔗甘|為糖　鷓鴣　藉倚賴也

陰入●迹　跡足|　隻单也　蹟古記　脊背|　鶺小鳥　蹠　跖盜|

陽平〇

陽去●謝辭|又姓

陽入●葉枝箸又姓

日 陰平○

上聲●惹引

陰去⊙○

陰入●鑷鉗類

陽平○

陽去○

陽入○

時 陰平○

上聲●寫字 舍捨施丨

陰去⊙●舍館丨 赦寬宥 瀉下泄

陰入●剝削皮 毜脌目丨

陽平〇

陽去●卸脫謝凋

陽入〇

鶯陰平●呀鶯疑聲

上聲●鎁鋣鏌｜劍名佘姓｜〇俱平聲冶陶｜也決語詞野埜曠｜

陰去⊙〇

陰入〇

陽平〇

陽去●夜晚｜麝香

陽入●社稷射發矢役徭｜火茉煎｜蠮螉

問

語陰平〇

上聲〇

陰去〇⊙

陰入●嚙咬也

陽平〇

陽去〇

陽入●額頭|

出陰平●賖無現銀 車輪又音居 琿璖 奢侈 軥石轉 俥剝

上聲●扯牽|又音池〇平聲 且苟|

陰去⊙●跅岐道

陰入●赤紅色 忣驚惶 揷刺入

陽平〇

陽去〇

陽入〇

非陰平●墣裂開

上聲〇

陰去⊙〇

陰入●諕大言驚人嚇威丨爀火氣

陽平〇

陽去〇

陽入〇

15正字母

柳陰平〇

上聲●嚨喉丨平聲

陰去⊙〇

陰入○

陽平●靈 位

陽去●令 酒|

陽入●領 妝| 嶺 山陂 衿 員| 領 綱|

邊陰平○

上聲●餅 糕|

陰去⊙●併 合為一處

陰入○

陽平●平 公| 坪 空地

陽去○

陽入○

求陰平●驚 恐

上聲●行發步
陰去⊙●鏡照面器徹危險貌
陰入〇
陽平〇
陽去〇
陽入〇
氣陰平●輕不重
上聲〇
陰去⊙〇
陰入〇
陽平〇
陽去●扂閉戶

陽入〇

直 陰平〇

上聲● 呈 稟 程 功丨又姓 脭 精肉〇俱平聲 偵 探 鼎 釜属 鼎 仝上

陰去〇⊙

陰入〇

陽平〇

陽去〇 定 的寔

陽入● 擲 棄

坡 陰平● 闤 命死閉也 栟 屋丨

上聲● 跰 歪脚

陰去⊙〇

陰入● 砯 水激石聲

陽平○	陽去○	陽入○	他陰平●聽耳聞	上聲●捵手推	陰去⊙○	陰入○	陽平○	陽去●鄭姓 定定也	陽入○	曾陰平●正新丨	上聲●饏醎反

陰去⊙●正不偏

陰入〇

陽平〇

陽去〇

陽入〇

日

時陰平●聲声音

上聲〇

陰去⊙●性心｜姓名

陰入〇

陽平〇

陽去〇

陽入○

鶯陰平○

上聲●成事濟城浦｜縣名○俱平聲

陰去⊙○

陰入○

陽平●嬴得勝營伍

陽去●艷色鮮熖惔爓焱火光映暎照也

陽入○

問陰平○

上聲○

陰去⊙○

陰入○

陽平●名｜姓

陽去●命五行八字

陽入○

語陰平○

上聲○

陰去⊙○

陰入○

陽平●迎｜送

陽去○

陽入○

出陰平○

上聲●請宴客

陰去⊙○

陰入○

陽平○

陽去○

陽入○

非 俱無

16 剅字母

柳 陰平○

上聲○

陰去⊙○

陰入●詈 罵 [忄+詈] 欺慢 烈 火熾 列 行丨 冽 凜丨 鬣 馬鬃 鴷 馬奔馳急

陽平○

陽去〇

陽入●裂 破|

邊陰平〇

上聲〇

陰去⊙〇

陰入●鼈鱉 甲魚 扻 長袖之| 屄 陰戶

陽平〇

陽去●別 各|

陽入〇

求陰平〇

上聲〇

陰去⊙〇

陰入●偈僧彗語結解反揭舉也又姓纈文采袺襭以衣貯物頡頏飛而上擷捋取劫強奪羯虫

椅以箸取物訐攻發人之陰私潔清絜度也傑杰豪丨榤鷄栖挈[illegible]提丨竭盡力

桀紂莢蓂丨黠彗也

陽平○

陽去●挾以腋提物

陽入○

氣

陰平○

上聲○

陰去⊙○

陰入●慊快足歉愧極缺物破怯畏丨[illegible]刀缺[illegible]口缺

陽平○

陽去○

陽入〇

直陰平●爹娘

上聲〇

陰去⊙〇

陰入●跌仆倒 叠重丨 垤邱丨 蛭未蟻 軼超丨 迭更 哲 喆賢丨 耋八十壽 瓞小瓜

咥笑也

陽平〇

陽去〇

陽入●蝶蝴丨 牒度丨 諜谱丨

坡陰平〇

上聲〇

陰去⊙〇

陰入●撇拋丨擎仝上又擎也別離丨⿱敝力削也

陽平●剫削皮

陽去○

陽入○

他陰平○

上聲○

陰去○⊙

陰入●鐵黑金帖書丨

陽平○

陽去○

陽入○

曾陰平○

上聲○

陰去⊙○

陰入● 接 承| 椄 續木 岊 山高 節 竹| 櫛 梳篦 癤 瘡| ⿰衤耳襵 衣收藏 楫 舟| 箑 扇名 淅 洗米 浙 省名 晰 小明 捷 敏| 蜥 海蛇 婕 美好 這 指此 睫 眉毛 摺 疊也

陽平○

陽去● 折 斷也

陽入● ⿰言疌 口|多言

日 陰平○

上聲○

陰去⊙○

陰入● 聶 附耳私言又姓 ⿰扌耳 打 囁 嚅 攝 兼| 躡 登也 湼 染墨 揑 捻也聚| 碮 礬石

陽平○

陽去○

陽入○

時陰平○

上聲○

陰去⊙○

陰入●薛 莎草又姓 屑 小也潔也 糏 米碎 絏 縲| 洩泄 漏| 拭 拂 爇 火燒 褻 瀆 燮 調和

設 排|假| 葉 縣名

陽平○

陽去●翼 羽

陽入○

鶯陰平○

上聲●爺 稱官曰| 愁 憂|○俱平聲 熱 炎|

聲調	字
陰去	⊙〇
陰入	〇擽 手開|
陽平	〇
陽去	〇
陽入	●喫 口中納物 吃 食物
問 陰平	〇
上聲	〇
陰去	⊙〇
陰入	〇
陽平	〇
陽去	〇
陽入	●搣 摩| 滅 火息 蔑 無也 篾⿱竹密 竹條 衊 污|

語陰平〇
上聲〇
陰去⊙〇
陰入〇
陽平〇
陽去〇
陽入●業家|功|鄴地名蘖櫱花木生芽孽災害臬法也帙書卷|頁頭|
出陰平〇
上聲●侈奢|
陰去⊙〇
陰入●切急|窃竊私取也妾側室濕乾反
陽平〇

陽去● 蠘似尋

陽入○

非陰平○

上聲○

陰去⊙○

陰入● 血脉 蠍毒虫 俠豪丨

陽平○

陽去● 穴壙丨 挾脅持 叶合也 協和丨 脅兩丨 篲竹掃

陽入○

17魚字母

柳陰平○

上聲● 呂律丨又姓 旅商丨軍丨 梠門楣 侶朋伴 屢多次 縷糸丨 㛎㛏醜婦 窶貧丨 褸襤丨

	苩草可為蓆 憫憂也 簡竹名
陰去⊙	〇
陰入●	僇辱也 戮刑｜ 聿發語辭 遹遵也
陽平〇	閭里 驢驴馬
陽去●	慮思｜ 累害也 彙摟｜ 酹沃酒入地 類種｜ 戾乖｜ 淚泪目漬 捩紾也折也又拗｜
	鑢以刀鋸物
陽入●	綠采色 籙圖書 淥水名 逯行謹 騄耳馬 ⿰阝⿱艹坴蔏｜藥名 菉荳 醁美酒 六數名
	陸水｜又姓 蓼莪｜ 律法 錄記事 琭玉名
邊陰平〇	
上聲●	匏 瓠瓜屬平聲 脯乾物 辅肉巴
陰去⊙●	疿熱生小瘡 鋇刀斧背 堛地名
陰入〇	

陽平● 肥 瘦反 蒲 菖|

陽去● 吠 犬鳴 犽 吆 仝上

陽入○

求陰平● 歸 回還 崥 山名 宨 賬 貯也 居 住 巋 小山而高 車 輪輿搥 裾 襟| 拘 束 圭 璧

規 矩 閨 闈 珪 玉名 闚 隙視 奎 宿名 窺 小視 龜 亀 甲虫之長

上聲● 葵 花 揆 度也 洰 渠 溝| 暌 日入 磲 硨| 衢 街| 蕖 芙| 逵 道|○俱平聲 舉 薦|手 矩 規|

簴 簨| 筥 筐| 籧 篨竹器 晷 日影 踽 獨行 蘧 自得貌又姓 璩 環屬 鬼 神 宄 奸

軌 轍跡 詭 奸詐 簋 簠 殑 倦也 距 雞|鉤| 儈 刀斧手

陰去⊙● 貴 富| 癸 幹名 𡭊 價高通貴 鋸 刀| 句 讀 鐻 樂名 桂 丹|花名 季 少也又姓 巨 大也

倨 傲 据 拮| 踞 箕|

陰入● 菊 花秋芳 掬 兩手捧物 鞠 養|躬又窮勞 訖 完| 頦 頭納水中 躹 屈身 諊 鞫 究問罪人 醻 醬也

鶵 鵴| 惆 謹慎 屩 草履 迄 至也 仡 非也 汔 幾也 虡 鐘| 檋 禹山行用之能令不滑

陽平●吒小兒初語

陽去●跪屈膝 櫃櫥丨 匱匣丨 簣土籠 蕢中名 掘以鋤丨地

陽入●具備辦 俱同也 炬火把 懼惧恐丨 據憑丨 拒抗丨 遽急迫 苣菜名 詎未知之詞

鉅大鋼 渠他人

氣陰平●虧缺 區分 嶇崎 傴僂 驅馳丨又馬子 昫日出溫 毆逐 軀身丨 樞戶輪

劬勞 呴言語順也 姁老婦

上聲●豬豕名平聲 杵臼丨

陰去⊙〇

陰入●屈不伸 鈯金未煉 倔強硬戾也 詘詞窮 粬麯麴酒母 籺粗丨 曲歌丨彎丨 蛐蚓丨

𠜾曲刀 𨃃跤丨 𩣡赤良馬 𧊅似龜 𩬃鶌

陽平〇

陽去〇

陽入●呿卧聲

直陰平●蛛蜘丨 追赶

上聲●除開丨 篨籧竹器 躇蹰躕丨 侏短儒人 搥敲擊○俱平聲 縮頭不出又音索

陰去⊙●著明丨

陰入●竹笋老 竺天丨國名 築砌丨

陽平●厨庖 橱匱也

陽去●墜墮隕落 隊伍 箸筯進飯器 ⿰自力著力牽 硾礈懸石於下 軸車輪木又輻丨 鏨千金丨

⿰糸著白布 藋草木垂 贅男附女家

陽入●苧麻 朮蒼丨藥名

坡陰平●麱麩麬⿰麥孚麥皮灰 鋪列 痡病 菢蛋丨

上聲●醭霉毛

陰去⊙●屁腸風

陰入〇

陽平〇

陽去●塯圤泥漿

陽入〇

他陰平●皵去垢之粗粟

上聲●杍竽机丨校也 妤婕丨女官 佇立 宁門屏之間

陰去⊙〇

陰入●畜牲 朒縮也不伸

陽平●槌柴丨 錘秤丨 磓石丨 鎚鉄丨 ⿰白垂⿰白耑舂杵

陽去〇

陽入〇

曾陰平●朱紅色又姓 硃砂 誅責也 珠珍丨 洙水名 茱萸藥名 株根丨 趄趦丨欲行又不敢貌

姝美也 咮禽食 侏短儒人 銖錙 錐鑽鉄 顀出額 檇木名 齊衣不縫 髓骨起 雎水鳥

萑草名又音桓 緇黑色 疽癰 郝地名 菑田畔 諸眾也

上聲● 徐緩也又姓 垂從上而下 邾國名 瓍明珠 隨追| 隋國名平聲 煮烹 醉酒過多 主專也

嘴口也 呰口瓶 觜宿名

陰去⊙● 註解 蛀咬物虫 鑄銅錢|器 注浸也

陰入● 祝贊|又姓 足充|又手| 燭蠟| 捉捕| 粥飯反 蜀西地 囑噣吩咐 馵馬白足 妯娌

陽平● 薯芋類 箸籬也

陽去● 悴憔| 顇 萃聚 瘁病也 崒山聚 椊柱頭木朽 綷五色綵繪 忰仝上 蕝竹系

陽入● 聚積 柱立木架屋 駐立馬|劄 住居 炷香火 埾積土

日陰平○

上聲● 女婦也

陰去⊙○

陰入● 䐊不伸 枘屈木 恧慙丨 ⿰血力折骨 衄鼻出血 ⿸广囟庳丨屋將倒 抐指不伸 ⿰血刀刀傷

陽平〇

陽去〇

陽入● 肉 月肌丨

時陰平● 須立待 鬚髮 谞才智之称 胥相也 偦疏也有才智也 糈粮丨 醑美酒 輸敗也 綏安丨

需用 濡沾丨 書詩丨 雖然 殳兵器 舒寬丨又姓 嚅囁丨 紓仝舒

上聲● 誰何也 殊別〇俱平聲 水火 黍粟屬

陰去⊙● 歲年也 綞系纓 暑炎热 曙天初明 祟鬼丨 恕寬丨 署 ⿸广署舍也 絮柳丨 庶眾也

⿱㞢彐妖星 粹純丨不雜 ⿱⺮囟以竹補物

陰入● 叔父弟 粟穀 宿隔夜 戍守也 戌支名 踧踖敬貌 俶始也 淑善也 菽荳 夙昔

肅嚴丨 驌驦良馬 蓿苜丨 恤愍也愛也 ⿰金粟金 述傳丨 術法 俗風丨 睡眠 卹仝恤

鉥長針 ⿰魚术魚名

陽平● 荽荾芫|菜香料

陽去● 遂即也 燧鑽火 燧烽火 瑞祥| 邃深遠 熟生反 塾鄉學 續接連 敘述| 序庠

澍深水 樹木 耜耒 豎小子 緒基|

陽入○

鶯陰平● 威儀 葳中盛 隈隩 餵養

上聲● 儒碩學之稱 為造作 溈水名 韋熟皮又姓 維思| 惟唯獨也 闈宮門 違背 圍環

帷幔| 桅舡柱 鸒鳥名 於語詞 如譬| 于經於又姓 瑜璵美玉 予我也與也 余同予又姓

幃帷 蜍蟬| 薯蕷地瓜 茹茅根 愉和悅之色 覦覬| 渝水名 窬穿| 臾須|

庾姓| 萸茱| 餘剩 旟旗 孺子 薷香| 顒仰候 隅陬 喁眾口聲下 堣東夷

榆桑 踰逾越○俱平聲 禹湯 羽毛 乳小兒所食 委含蓄 諉推 逶迤 暐日光

煒光明貌 偉奇| 葦芦| 瑀石似玉 瑋玉名 洧水名 鄅地名 宇宙 嶼水中有山

與賜也共也 庾量名 踽獨行 諛諂 汝你也 瘐病 萎小木枯死 腴膏

陰去⊙●畏忌

陰入●曄明也 煜日光貌 熨斗所以理縐衣 啣喉聲 昱明也 欲愛也 慾婬｜ 焴火光 噢悲聲

棫小木有刺 閾門｜ 域界限 毓育生養 辱耻 鷸水鳥 庯庿 俏賣 郁彧文盛

⿰木郁李名 戫有文貌 粵曰也又音奧深也 燠煖热 欝欝屈 鬱芳草 ⿰口畜嘔｜ ⿰色黑黑也

爩煙貌出氣 ⿰扌鬱拗戾 鬻賣也 裕寬｜ 澳水曲處 隩仝上

陽平●樗惡木 盂砯｜ 歟與疑辭 瘐風病 椳門楣

陽去●豫悅也 芋薯 俞姓 預先 喻譬｜ 偽詭造無真 窳器壞 諭曉 衛獲又國名 位爵

謂言也 喟嘆聲 渭水名 蝟似豪猪 胃脾 慰安 蔚草盛 尉武官 愈勝也 衛箭也

睿聖智 叡生知 譽美稱 譌誤也 緯經｜

陽入●屬屬親｜ 浴沐｜ 褥被｜ 縟繁｜ 贖取回

問語陰平○

上聲●危不安 巍峞山高 嵬崔｜ 娛歡樂嬉悅○俱平聲 圄獄也 圉掌馬人 語說話

陰去⊙〇

陰入〇

陽平●虞 患也又姓 魚 鱗属摠名 漁 魚人 愚 鈍人

陽去●遇 逢也 寓 寄居 禦 止 御 臨|駕|使也 馭 仝上

陽入●玉 珠| 鈺 堅金 獄 牢| 瑀 鳥名

出

陰平●嫗 娶婦 疽 痘| 蛆 水虫又蜈蚣別名 趨 趋 疾走 咀 嚼|含味

上聲●取 討 鼠 耗| 處 事結 娶 嫁|

陰去⊙●趣 情| 翠 蒼| 嘴 口也 處 居||所 䖏 仝上

陰入●出 入 炪 火光 促 迫 蹙 顣 眉愁不悦 䟫 言急 黜 陡反 𨑶 足疾 歜 怒貌 摵 打|盛名

屬 顏人 觸 感| 爥 墨烏

陽平〇

陽去●秫 酒米

陽入● ⿰牛盧 驢牛聲 ⿰足盧 驢迫

非陰平● 虛 空 墟 大邱 煇 光｜ 翬 翚 飛 暉 日斜貌 麾 指眾 揮 指｜ 嘘 吹｜ 歔 欷｜

輝 煌

上聲● 許 期也與也又姓 滸 水名 ⿱艹許 續斷藥名 詡 大言

陰去⊙〇

陰入● 旭 旮 日初出貌 蓄 養 鄐 晉邑 呿 卧聲 朂 勖 勉也 洫 溝｜ 煦 和 頊 帝號

堉 小兒飛物而戲之也 矗 直也又音撮

陽平● 吁 嗟嘆 盱 望也 訏 大也 冔 殷冕

陽去● 雨 露 諱 忌 恵 恩｜ 穗 禾寔 蕙 蘭｜ 慧 智 卉 百艸揔名 穢 污｜

⿱竹慧 竹掃 翽 飛聲

陽入〇

18 臍字母

柳陰平○
上聲●勒彌|佛
陰去⊙○
陰入
陽平●來去反
陽去○
陽入●勒迫| 栗果名似榛 剰以線|物 癧瘰| 擽以手理物
邊陰平○
上聲○
陰去⊙●燜掩火
陰入●北南對 㭊無爬齒 伯人名
陽平○

陽去〇

陽入●白言也帛紬也

求陰平〇

上聲〇

陰去⊙〇

陰入●格至也革除也又皮隔阻丨骼骨丨嗝鷄鳴膈胸丨鬲膠丨商之賢人

陽平●其指物之詞

陽去〇

陽入〇

氣陰平〇

上聲〇

陰去⊙〇

陰入●刻時|克能也尅剋五行生|喀欬|咳嗽⿱髟客髮長

陽平○

陽去○

陽入○

直●陰平朧肉|

上聲○

陰去⊙○

陰入●德道|得失

陽平○

陽去●直不曲

陽入●宅家|塌倒|正音塔

坡陰平○

上聲〇

陰去⊙〇

陰入●匐匍|逼急|珀琥|魄魂|

陽平〇

陽去〇

陽入〇

他陰平〇

上聲〇

陰去⊙〇

陰入●忒差|忑志|心虛踢腳起特匹也但也慝惡也

陽平〇

陽去〇

陽入〇

曾 陰平● 栽 種

上聲● 仔 肩任 子 花寋

陰去⊙〇

陰入● 則 法也 責 罰 謮 怒也 澤 川丨潤丨 謫 貶丨 昃 日側西 仄 平丨 幘 巾丨 擇 選 簀 簟也

節 竹類

陽平〇

陽去〇

陽入● 簺 行碁相丨

日 陰平〇

上聲〇

陰去⊙〇

陰入●凹凸對

陽平○

陽去●饇食飽

陽入○

時陰平●毸張羽

上聲●使差｜

陰去⊙○

陰入●錫似銀 塞壅｜不通 瑟琴｜ 澀水名 塞邊界 蟋蟋蟀 穡稼 嗇慳吝 色顏｜ 蝨身虫

澀濇澁不滑

陽平●貍野貓土音

陽去●李桃｜

陽入○

鶯 陰平〇
上聲〇
陰去⊙〇
陰入●壓制 擪按也 狹窄
陽平〇
陽去〇
陽入●⿰牛普驅牛
問 陰平〇
上聲●鬽古器所成 毈卵不成鳥
陰去⊙●咩羊聲 乜斜也又姓
陰入●默不言 陌阡｜ 貊 貉蠻｜
陽平〇

陽去〇
陽入●墨筆｜密周｜脉脈血｜茉莉花
語陰平〇
上聲〇
陰去⊙〇
陰入●額匾｜腦口中斷虢國名馘軍法截耳厄困也闑閉也
陽平〇
陽去〇
陽入●逆不順額限数
出陰平〇
上聲〇
陰去⊙●菜蔬｜蠆毒虫

陰入●折（開｜）漆（油｜）側（旁邊）測（度）策（計｜）徹（通｜）轍（車輪也）撤（發）

陽平●臍（腹｜）

陽去●賊（盜）

陽入○

非陰平○

上聲○

陰去⊙○

陰入●核 覈（考寔）黑（烏也）赫（顯｜）[illegible]（昏｜）郝（姓）

陽平○

陽去○

陽入●趞（氣急）

19 油字母

柳陰平○

上聲●劉姓 騮馬名 留挽｜又姓 流水行 瘤肉腫 琉球國名俱平聲

陰去⊙○

陰入●柳杞｜又姓 鰡帶｜魚名

陽平●榴柘｜ 瑠光燈 磂磺

陽去●鎦金 鎏美金 溜 霤檐下水

陽入○

邊陰平●彪虎子 滮水流

上聲○

陰去⊙○

陰入○

陽平○

陽去〇

陽入〇

求陰平● 疞腹痛

上聲● 求慇| 虯龍子有角 虬仝上 筞籠 絿緩 裘皮 毬打| 球玉之美俱平聲○ 久長遠 九陽數 玖石似玉又仝九 糾督察也 赳武勇 灸艾火燒 羑里

陰去⊙● 究治 救拯援 疚病 廄馬舍

陰入〇

陽平● 觓角曲與斛不同 ⿰角九仝上

陽去● 舊不新 舅甥|

陽入● 柩棺| 咎罪過 ⿰言咎毀 ⿱咎心怨仇 𢡽悅也

氣陰平● 丘陵 邱仝上又姓 鳩鳥名 蚯蚓

上聲〇

陰去⊙〇

陰入〇

陽平〇

陽去●臼杵｜

陽入〇

直

陰平●丟棄

上聲●儔侶｜裯被疇田｜〇俱平聲

陰去⊙●宙宇｜晝夜

陰入〇

陽平●綢紬緞

陽去〇

陽入●紂桀｜胄甲｜稍禾寔籕史｜

坡他陰平●抽拔瘳病愈篘醔酒餿飯壞
上聲●丑支名
陰去⊙○
陰入○
陽平●籌畫躊躕
陽去●柱樑
陽入○
曾陰平●州郡洲渚周密又姓舟舡揔名週遍稠密也
上聲●囚罪人平聲酒茶｜肘胐手臂茆骨箒掃把
陰去⊙●呪咀｜
陰入○
陽平○

陽去● 就成| ⿱山就嶺名 啁燕聲 鷲大鵰

陽入○

日 陰平○

上聲● 扭擒 鈕釦 紐結 杻|手

陰去⊙○

陰入○

陽平● 牛馬又姓 ⿱艹牛膝藥名 ⿰鬼生鬼也

陽去○

陽入○

時 陰平● 脩修明 羞愧

上聲● 手足 首頭| 守保|

陰去⊙● 秀茂也 綉繡刺文 鏽鏥鉄生衣 㑳行相待 首出 獸畜也 狩巡|

琇美玉 袖襟|

陰入〇

陽平〇

陽去●壽多歲 受承| 授以物予人 綬印| 售賣由山也山名

陽入〇

鶯

阴平●憂愁 優游 耰農事 麀牝鹿 呦鹿鳴 幽辟靜 懮舒緩 攸所也

上聲●由 繇緣| 遊遠行 猷謀| 酬 酧答 猶似 輶輕車 蝣蜉| 泅不沉水 尤過也

訧罪| 柔弱 游優|又姓 讐 仇冤| 遒迫也 鮋魚名 郵馹 斿旗末〇俱平聲 有無反

友朋|

陰去⊙●幼少年 菴雞|蛋又音抱

陰入●黝黑色正音

陽平●油脂

陽去○祐佑保丨右左丨釉凡缶器有光曰有丨宥寬丨囿苑丨牖窗丨柚枹侑助也
陽入●又再也酉支名誘引丨
問陰平○
上聲○
陰去⊙○
陰入○
陽平○
陽去●謬繆差悮袂袖也
陽入○
語出陰平●秋七八月鞦韆鰍蟮
上聲●醜陋
陰去⊙●惆悵正音

陰入〇

陽平〇

陽去●樹木

陽入●

非陰平●麻庇陰也 休息 貅貔丨 嗅鼻就香

上聲●朽腐 韮葷菜

陰去⊙〇

陰入〇

陽平〇

陽去〇

陽入〇

20 茅字母

柳陰平●鏤刻 剾剜丨

上聲●摟牽攬 嘍婦人惡称 螻蟻 嘍囉 髏骷丨 婁離丨 僂傴○俱平聲 蔞藥名 簍竹器 甊甌丨

陰去⊙○

陰入○

陽平●樓閣

陽去●漏泄 陋鄙丨 屚屋漏雨 瘺瘡丨

陽入○

邊求陰平●溝水丨 勾曲 钩钓丨 㓡镰

上聲●猴猿丨 甌甊○俱平聲 垢 坸污也 笱取魚器 耇老人之称 苟且 枸杞 雊雉

陰去⊙●彀弓滿 硣酒丨 姤陰陽相遇 媾合 構築造 夠足也

陰入○

陽平○

陽去●搆結 購贖 遘遇 詬 詢詈也

陽入●厚不菭

氣陰平●篐桶

上聲●口嘴也

陰去⊙●叩稽顙 扣除 釦鈕｜ 寇盜 蔻荳｜藥名 簆織布梭｜ 訽詳問

陰入〇

陽平〇

陽去〇

陽入〇

直陰平●兠鍪盔也 挑攪 侸佔

上聲●投遞 骰色馬〇俱平聲 斗升又星｜ 枓拱｜ 蚪蝌｜即蝦蟆仔 炓熨｜ 𧘹褲｜ 陡忽然間 抖舉起

陰去⊙●斵削木｜筍 鬭鬪閗爭强

陰入○

陽平○

陽去●竇穴又姓讀句丨豆俎丨鯇小魚名荳菽也痘疹脰頸

陽入●𠑃轡也

坡陰平●㕻不可囨吐唾聲

上聲●掊克聚斂也平聲否不然缶瓦器涪水名剖判丨

陰去⊙○

陰入○

陽平○

陽去○

陽入○

他陰平●偷窃鍮似石金媮薄也

上聲〇

陰去⊙●訆以言相誘 透通

陰入〇

陽平〇頭首

陽去〇

陽入〇

曾

陰平●鄹魯邑 鄒仝上又姓 緅絳色 謅私言 膠犫也 騶獸名 糟酒粕

上聲●走跑丨 蝨嚙人跳虫 蚤仝上

陰去⊙●奏告 灶 竈煮烹器 縐紗 𧛊 皺衣皺成紋 䪮音樂美 湊水會

陰入〇

陽平●𩵽小魚

陽去〇

陽入●熼柴未燒化

日陰平〇

上聲〇

陰去⊙〇

陰入〇

陽平〇

陽去●輮耕｜

陽入〇

時陰平〇

上聲●叟長老之稱 瞍有目眸 𦖋耳聾

陰去⊙●嗽咳｜ 掃埽箒 痟肉 瘦肥反

陰入〇

陽平〇

陽去●老多壽

陽入〇

鶯陰平●甌茶丨毆鬪謳歌嘔吐歐姓

上聲●候公丨又姓餱乾粮喉嚨嵺山名〇倶平聲吼喊狗犬也

陰去⊙〇

陰入〇

陽平〇

陽去〇

陽入〇

鶯餘韻陰平〇

上聲●浮沉

陰去	〇⊙
陰入	〇
陽平	〇
陽去	〇
陽入	〇
問陰平	〇
上聲	●謀猷 侔仝也 牟奪也又牛鳴又姓 眸瞳人 脌脊丨 麰大麥 劺勉也 蛑水虫 鉾矛也〇俱平聲 牡牝丨又丨丹 畝田 某指人
陰去	⊙〇
陰入	〇
陽平	●貓捕鼠獸 茅草 矛戈丨 鍪盔名 蟊食苗虫
陽去	●茂草盛 懋盛 貿交易

陽入〇

語陰平〇

上聲●藕蓮根耦並耕㭊象人偶匹丨又暫髃肩齵齒差參也

陰去⊙〇

陰入〇

陽平●咼口歪

陽去〇

陽入〇

出陰平●搊搵掔衣

上聲●巢鳥居音曹〇平聲

陰去⊙●臭香反湊添丨湊水聚

陰入〇

陽平○

陽去○

陽入○

非陰平○

上聲○

陰去⊙○

陰入○

陽平○

陽去●後先丨候待也郈魯邑垕土神逅邂阜高山無石后君丨䰻海介覆冒也

陽入○

22 囥字母

柳陰平○

上聲●狼豺｜瑯琊山琅石似玉浪滄｜水名稂禾穗生烺火貌筤蒼｜幼竹圇囫｜物之圓者○俱平聲

朗光明又姓⿰衤郎短衣

陰去⊙○

陰入○

陽平●廊廡郎男子螂螳｜榔梹｜裉縫衣

陽去●論談｜⿰目良⿰目黃光｜浪波｜蒗蕩⿰日侖少晒

陽入●蹍車輪

邊陰平●邦國幫相助

上聲●防守盆盂傍惶恐仿偟○平聲本根｜榜文傍倚｜綁細｜膀肩毴毛

陰去⊙●謗誹｜

陰入●蚌似蜆而大塝田｜

陽平●旁邊

陽去●棒棍｜ 鈍不敏

陽入○

求陰平●江河又姓 扛 掆對抬 釭銀｜灯也 綱常 罡袁天｜ 豇豆 甘辛 肛糞門 剛柔

柑橙屬 疳小兒瘦病

上聲●鋼 缸水｜平聲 衮天子之衣 滾湯沸 㨰轉 敢不畏 講論 謴語不明 輥車輪 管簫｜

感應也 圇囫｜ 睔目露 鯀禹父名

陰去⊙●棍棒 鋼堅鐵 焵堅刀 艮卦名 槓盛禮物 絳赤色 灌沃 降陞反又音監 贛州名

裸奠酒

陰入○

陽平●虹蜺｜ 崗 岡山脊頂處

陽去○

陽入○

氣陰平● 坤卦名 康安| 昆兄也 糠米皮炭 髡髮短 崑崙山 琨琭劍 焜燿 䯆身长 鵾鳥名鯤化

鯤大魚 錕鎗 鄌地名

上聲● 綑縛 悃求 慷慨 墾開荒 壙開|安葬 儣佷|大也

陰去⊙● 囥藏也 困危 勘校 伉儷配偶 悃愊 亢過也衍也 匟牀坐臥具 墈堦|

陰入○

陽平○

陽去○

陽入● 硐石落地聲

直陰平● 當宜也敵也 璫玎| 礑界 墩平地有堆 敦厚 [illegible]盛物於器 鐺鐲也 惇寔心 諄詳語

上聲● 堂廳| 螳螂 膛胸| 豚猪名 長短 搪撲 塘汎又大池 唐国號又姓 屯住 軘車兵

踼跌也 棠海|花○平聲 黨 党族 楯兵器 [illegible]殨貨统買積 窀穸安葬 漲水涨 搗舂|

陰去⊙● 當典| 儅停| 頓安|

陰入〇

陽平●豘猪未大 闛鼓鐘聲 腸肝丨

陽入●焫熱也

陽去●遁 遯逃丨 段姓又體丨 緞綢丨 撞冲丨 蕩水搖 斷不連 頓首 逿失落

坡陰平●䡊車聲

上聲●艕人冒水上

陰去⊙●雱雨雪盛 滂大雨 霶霈〇俱平聲

陰入〇

陽平●胖肥大

陽去〇

陽入〇

他陰平●湯热水又姓 呑吐 瞠直視

上聲●倘或 盪漿缸 攩手推

陰去⊙●褪脫衣

陰入○

陽平●糖蔗汁為｜

陽去●象判也 爣烺｜

陽入○

曾

陰平●尊高也 遵循也 樽 罇酒器 [illegible]酒筵 粧 妝粉飾 僔恭敬 莊嚴肅又姓 賍 贓賊｜証也

庄田｜ 裝束 鱒魚名 [illegible]岀山高貌 [illegible]酒｜ 蹲踞 牂牝羊

上聲●藏匿 存留在○俱平聲 荐 苫草褥

陰去⊙●臟醃 纘繼 瓚祭器 壯健 葬埋 鑄 [illegible]鉄銾器 鑽金剛｜

陰入○

陽平○

陽去●藏經｜狀元腑臟腑

陽入●狀形｜

日陰平○

上聲●囊布袋攮推｜紉指｜線俱平聲暖日氣煖火氣飢食也

陰去⊙●曩昔日

陰入○

陽平●瓤瓜匏內｜

陽去●嫩粗反婹腰皮肉｜膩

陽入●漾水不定貌

時陰平●孫子｜又姓蓀蘭｜霜雪孀寡婦鸘鳥名喪凶禮騻良馬礵砲｜桑蚕粮拴門｜

搼剶木酸醋｜痠手足作痛

上聲●損無益吮聲｜燹兵｜野火爽失也顙額𧬘喉美聲磉磉柱盤石塽高｜褬衣敝

陰去⊙●遜順 蒜葱丨 喪夭亡 壻女夫 算 筭推數 噀 潠噴也 巽卦名

陰入〇

陽平〇

陽去●蛋 卵禽生

陽入〇

鶯

陰平●轀輬臥息車 秧禾種 熅烟氣 溫和丨習又姓 氳氤丨 䁚暖 瘟疫 馧香味 䮑駿

轀包也 縕赤黃色 庵院 菴寺

上聲●杭浙江 行擺列也 衕衕樂人也 航舡〇平聲 穩安丨 刎自殺 洚水不通道

陰去⊙●暗昏丨 黯不明 隌冥昧貌 [illegible]雲丨

陰入〇[illegible]駿

陽平●韽鐘聲微 丸泥丨〇俱平聲

陽去●[illegible]曬衣竹竿

陽入●睪生毒｜膿

問陰平〇

上聲●茫渺｜水大忙慌｜盳仰視盲無目杗樑鋩鋒利秚禾汒泽也〇俱平聲莽鹵｜

蟒大蛇漭大水蝱虫

陰去⊙〇

陰入●戇愚盲痴

陽平●門戶們肥滿貌邙北｜山名

陽去●悶憫憂

陽入〇

語陰平〇

上聲●卬我也笷竹杖

陰去⊙●馸馬驚

陰入○

陽平○

陽去●歁（痴|）

陽入●骯（馬頭高）

出

陰平●倉（廩）瘡（毒發）蒼（青色）愴（悽|）忖（度）村（鄉|）滄（浪水名）窓 牕（讀書所）傖（鄙野之人）

上聲●廠（廒）廠（高曠）氅（毛衣）昶（良明）

陰去⊙●寸（尺）闖（突進）䢢（過也）創（始造）刱（全上又音并）刌（割也）

陰入○

陽平●床 牀（臥榻）饞（大食不廉）

陽去○

陽入○

非

陰平●昏（暗）惛（亂也）婚（嫁）昏（日暗）瘒（痴|）葷（素反）驩（齊嬖臣名）薨（諸侯死）

上聲●狠鬪｜

陰去⊙〇

陰入〇

陽平●痕疤 齕齧 杭箸油具

陽去●項頸又姓 混蒙｜

陽入〇

23 桐字母

柳陰平〇

上聲●瓏玲｜ 朧朦｜ 櫳禾病 [illegible]滾水｜熟 圇囫｜〇俱平聲 竉孔｜ 籠箱｜

陰去⊙●壠 壟山｜

陰入〇

陽平●竉罩 礱磨｜ 籠鳥｜ 櫳獸檻

陽去●弄戲| 㑝愚| 梇木名 ⿰弄阝邑名 哢鳥吟 ⿰忄弄癡愚 衖巷別名 襱 ⿰衤同褲|

陽入〇●隴高山 碖硱|石落 ⿱艹⿰⿱覀大丸草木疎

邊陰平●枋腰板

上聲●馮徒涉又姓 房臥所〇俱平聲

陰去⊙●放釋|

陰入〇

陽平〇

陽去〇

陽入●埲塵

求陰平●工藝 公平又|婆 蚣蜈| 功勞 攻伐

上聲●⿰氵衖舟道 港浦|

陰去⊙●貢賦 㤨心動 灨水名

陰入〇

陽平〇

陽去●共同也

陽入〇

氣陰平●空澗 崆峒山 涳小雨 箜樂器

上聲●孔竅又姓 恐怕

陰去⊙●空虧|

陰入●⿰空支繫聲

陽平●埪墻| 銎斧孔 悾誠也

陽去〇

陽入●鼕鼓聲

直陰平●東西 零雨貌 冬末季 㣽懼 佟姓

上聲●銅 鐵 同仝 合也 童 兒 桐 梧丨 僮 僕 瞳 眸子 彤 赤色 穜 禾先種後熟 艟 戰舡

曈 日出 朣 月出 峒 山名 ⿰羊同 小羊 橦 木名 ⿰舟同 舟名 潼 水名 氃 毛散 ⿰童羽 飛也

侗 童蒙〇俱平聲 膧 肥也 董 似蒲 董 督也又姓

陰去⊙●棟 樑丨 凍 冰丨 蝀 蝃丨大水雞

陰入●湅 暴雨

陽平●筒筩 截竹為丨 ⿰瓦同 瓦丨

陽去●重 不輕 洞 石室 ⿱穴同 賊打丨

陽入●動 靜

坡陰平●蜂 螫人虫

上聲●紡 織 捧拝 持 琫 刀餙 ⿺風奉 風貌

陰去⊙●⿰月敞 脹腫

陰入●⿰香奉 香氣 馞 香盛

陽平● [illegible]韸鼓聲䡫車聲篷竹舡丨蓬蒿盛貌縫裁丨[illegible]憂也帆風使布鬔髮亂貌

陽去● [illegible]囊裂蹼手足夾中

陽入○

他 陰平● 通透蓪草熥光侗無知

上聲● 桶桯統捴也[illegible]大水相溢

陰去⊙○

陰入● [illegible]鼓聲

陽平● 桐子可為油童姓虫無足蟲有足鼕鼓聲

陽去● 痛疼丨恫怨慟哀傷

陽入● [illegible]鼓聲

曾 陰平● 宗主琮瑞玉踪蹤跡棕椶櫚[illegible]竹名騣馬鬃

上聲● 崇高丨平聲總統鬆假髮聳高也冢大也

陰去⊙●粽角黍

陰入○

陽平●叢䕺藂草丨⿱竹叢取魚器

陽去○

陽入●踪毛亂鬉髮亂⿰糸执⿰糸蒙絲亂

日

陰平○

上聲●農䢉治田人儂我也○俱平聲

陰去⊙○

陰入○

陽平○

陽去●膿血

陽入●弩藥箭戇愚人

時陰平●雙成對蹝并立鬆緊反
上聲●搃手推倊鈍人
陰去⊙●宋殷之後又姓送餽丨
陰入○
陽平●聾耳不聞
陽去○
陽入○
鶯陰平●翁老人又姓鶲鳥名䱵魚名
上聲●閧巷門洪大也又姓紘維泓水深宏廣大紅赤色逢相遇黌學宮鴻大雁
陰去⊙●甕缶罌蓊菜名
陰入○
陽平○

陽去〇

陽入〇

問陰平〇

上聲●蒙覆也 幪帡| 濛細雨 鄸邑名 朦月蔽 曚日蔽 艨艟 矇目不明 驝驢子 鸏[illegible]水鳥 霿雷聲

襛衣〇俱平聲 猛勇 蜢虻蚊屬

陰去⊙●儚夢昏

陰入〇

陽平●夢屮可為箒

陽去●問詢也 夢梦睡|

陽入●艋魚網

語出陰平●葱蒜 聰明 熜煴 囪烟|

上聲〇

陰去⊙〇

陰入〇

陽平〇

陽去〇

陽入〇

非陰平●豐厚足風雨丰姿色峯山尖灃水名魴扁魚鄷都邑名鋒利封閉葑菲

烘向火楓木烽戎火靊雷師瘋疾

上聲●哄笑

陰去⊙●竇賊｜諷譏刺

陰入〇

陽平●埪墻｜銎斧孔

陽去●俸祿奉獻鳳凰巷街｜蕻菜抽

陽入○

24發字母

柳邊

求氣

直坡

他曾

日時

鶯問

語出

非陰平○

上聲○

陰去⊙○

陰入●發生血脉

陽平〇

陽去●罰責

陽入〇

25放字母

柳邊

求氣

直坡

他曾

日時

鶯陰平〇

上聲●文武又姓纹丝丨蚊虫属闻耳聽又姓〇俱平聲

陰去⊙〇

陰入〇

陽平〇

陽去●望仰|塱朔|爰於又引也旺興|王仝上妄誣詿紊亂

陽入〇

問語

出非陰平●方四角又姓坊石門芳芬妨害分開

上聲●渾濁〇平聲髣髴不真粉碎也倣依樣訪謁見扮粧式

陰去⊙●放釋

陰入〇

陽平〇

陽去●分名|憤發忿怒甚

陽入〇
26茶字母
柳陰平●剌語‖不休与剌字不同　拉招‖
上聲〇
陰去⊙●喇叭軍中所吹號筒
陰入●猞大食　⿰衤巤褡垢衣　喇喝‖言急又甲‖　蝋毛‖虫
陽平〇
陽去〇
陽入●臘十二月　獵田‖　⿰石巤石墜聲　蠟密渣　嬾儠衣破垢　鑞錫名　爉煙烘　霊雨聲　齫咬聲
颲風聲
邊陰平●⿰火巴乾肉　疤痕　芭蕉　巴國名　葩天花　笆篱‖　鈀兵車　奄大也　豝豕也　巴支斂也
上聲●把持　弝弓弣　靶矢當

陰去⊙●霸伯強丨 壩障水 灞水名 欛刀丨 叭喇丨又開口也

陰入●百千 伯父之兄 柏松 魃旱神 犮除也 拔持丨 馞香氣 跋草行 擽以手分開

喇必丨响聲 蘗黃丨蘗名

陽平●爬癢 朳木丨 耙鉄丨

陽去●白素也又姓

陽入●烢火聲 鵓鴿

求陰平●佳 嘉美也 枷頸刑 耞打谷器 加增 伽藍 笳胡笛 袈裟 迦佛號 家宅

上聲●葭芦丨 豭牝豕○俱平聲 賈姓丨 假 叚真丨 嘏福也又古音 鶡鳥 檟木 婽好也 斝 斚酒器

陰去⊙●駕馭丨 價物議丨 架棚丨 假告丨 稼農事

陰入●甲長 胛肩丨 鉀鎧丨 隔間丨 夾兼丨 槅門 膈胸丨 橄欖 郟地名 覺知丨

陽平●跏屈足

陽去○

陽入●夾棍刑足

氣 陰平●揹密也

上聲○

陰去⊙○

陰入●客賓|䯳髮長

陽平○

陽去○

陽入●笚竹聲

直 陰平●爹父也

上聲●打拍也蹀行難

陰去⊙○

陰入●搭掛|妲巳紂妃答對|組跳縫溚湿蹕跢教小兒行步[illegible]襤|不潔褡褡褙|短衣

䡰皮指詛兜|不靜鏳鍚鉤樣橋
陽平●茶酒對礁白|山
陽去●踏踐也碟碗|
陽入●跢躍|
坡陰平〇
上聲〇
陰去⊙●怕恐|帕手|帕頭巾
陰入●拍教坊|板
陽平●脬腎囊即膀胱
陽去●墢泥成|餑麪餑麫粉成|
陽入●錞炊釜溢也鬻大滾頙頭扁
他陰平●他別人

上聲○

陰去⊙○

陰入●塔寶｜漯濟｜撻鞭｜㒓逃也沓重疊闒門榻床｜塌倒騔馬不進誻多言

榙果名鼛鼓無聲溻湿｜貼幫｜黏餅屬怗安也呫囁餂食也蟽蝲名虫｜爉煎｜

陽平○

陽去●疊重

陽入○

曾

陰平●楂柵又木名咱自称皶荳｜粐米滓臢腌｜坬瓦碎渣滓暫｜也

上聲●查考平聲

陰去⊙●詐詭｜迮迫也諎慚語奼美女笮榨壓酒具吒佛語做作為

陰入●鴜鳥毛雜劄紙｜匝周｜札拔也札書信蚻似蟬紮細劄勤力

陽平○

陽去● 乍暫也

陽入● 雜亂| 閘門| 牐仝上 [illegible]断物 鍘藥刀 籬簾| 濈滿 雥鳥多 諈言聲也

卡閔溢立塘處 襍仝雜

日陰平○

上聲● 那誰也

陰去⊙● 哪梵语 柔内行貌

陰入● 納輸| 衲補| 内入也 [illegible]餲 妠娶也 軜内轡 鈉鉄打 [illegible]魚網 [illegible]齒動 貀獸名善捕鼠

陽平○

陽去○

陽入● 拿 拏擒| 笝牽舡竹索 訥言少

時陰平● 紗羅 砂硃| 沙姓 裟袈| 杪細系 痧感寒 犙牛石 鬖髮垂 桬棠木名 鈔小銅鑼

上聲○

陰去⊙●掐抓丨

陰入●薩菩丨又姓　塞壅丨不通　霎少頃　撒潑丨　簺行碁相丨　嗄聲破

陽平○

陽去○

陽入●韮踏草聲　霋雨聲　⿰忄殺懶丨　涑雨貌又音塞

鶯　陰平●鴉鳥丨　阿美貌　丫鬟　谺空貌

上聲●啞　瘂聾對　⿱宀亞懸丨　⿰忄亞心鬱

陰去⊙●⿰亞欠驢鳴

陰入●鴨鷄丨　押簽丨　壓製　軛駕牛馬具　⿰身合[illegible]

陽平●唲⿰口巨兒初語

陽去○

陽入●下上丨　庌廊　婗兒啼

問陰平○

上聲●蟇 蝦|平聲 馬 牛 瑪 瑙 鰢 魚名似魴 媽 祖母

陰去⊙●牳 雌畜 拇 大指

陰入○

陽平●嫲 呼母 痲 瘋 麻 面又姓 ⿸广⿰木皮 閉口 ⿸麻鳥 鶬雀

陽去●罵 言責

陽入●麥 荳| 打 拍也

語陰平○

上聲●雅 美秀 蕥 禾不秀 ⿱瓦皿 酒器

陰去⊙○

陰入●囓 咬聲 ⿰月齒 口中斷

陽平●衙 府| 牙 齒 芽 萌 笌 竹筍 ⿰骨牙 腰骨 疨 病甚 砑 硝

陽去●迓迎也 訝疑怪 亞少也 研研石

陽入●嶽山宗 岳姓

出陰平●差錯 叉手相交 杈杖 瘥病愈

上聲○

陰去⊙●蛇海蜥或作蚱非

陰入●挿刺入 冊册籍 歃唽啜也丨血誓盟

陽平○

陽去○

陽入○

非陰平○

上聲○

陰去⊙●嫁女歸

陰入●學習 峽巫| 篋箱| 浹洽 壆堅土 椅箸取物 匣櫃| 狎親近也玩熟也

陽平●霞雲| 瑕玉玷 遐遠也 蝦魚| 赮赤色 猳豕也 蕸芙蕖葉 ⿰革叚履也 ⿰忄叚怨也

陽去●夏春|又姓 廈屋大 下放落 學黌宮 暇閑| 芐地黃

陽入○

27 峩字母

柳陰平○

上聲●羅嘍|平聲

陰去⊙●邏巡| 駱駝

陰入●樂歡娛 洛水名 烙炮| 雒水名 駱姓

陽平●羅姓又|紗 鑼鼓 籮貯米谷器 ⿰氵羅水名 登野豆 欏杪|樹 騾馬

陽去●栳斗|

陽入●絡貉線|繹| 落起|

邊陰平●菠薐菜 皤老人 褒奬 鄱陽湖 波浪 玻璃

上聲●婆公| 蔢藥名○俱平聲

陰去⊙●播布

陰入●博寬| 膊肩| 膊賭| 亳湯居地名 駁雜 煿火乾 搏擊| 縛綑|

陽平○

陽去●泊安舡

陽入●薄不厚 檏租| 箔金| 筋指節响聲

求陰平○哥兄也 歌曲 鴚鸚|

上聲○

陰去⊙○

陰入●各另也 鴿鵓 閣樓| 個箇个枚| 擱掛| 合斗|倂| 覺知| 蛤蜊 傕後漢李|

陽平○

陽去〇

陽入●斠平斗斛

氣

陰平●柯斧柄 珂玉似石 坷坎｜ 哿可也 軻車軸 苛刻 牁牂｜

上聲●可僅足之詞

陰去⊙●去往也

陰入●慤珐誠｜ 搉撞着 涸水竭 恪謹也 磕頭 瞌睡 確約｜ 愘牙戰 硞石聲 嗑似吐

⿱虍盍閉門

陽平〇

陽去●搉打也

陽入●㪃擊也

直

陰平●多少反

上聲●駝馱駱｜ 掏負 鋾銀｜ 陀彌｜ 陁山名 跎蹉｜ 沱滂｜大雨 逃迯避 佗負

鼉鼉屬○俱平聲　躲避　朶花｜　垜城｜　綞冕前垂

陰去⊙○

陰入●琢彫｜　奪定｜　卓特立又姓　棹椅｜　[髟卓]長髮　趠逃　斵削木　[月睪]肥也　涿郡又流滴

[豕戈]推｜　硺擊也　沰滴　鐸大鈴　[忄度]忖　啄鳥食

陽平●哆梵語

陽去●惰懶｜

陽入●戠刺也

坡陰平●波濤　坡山下地名　陂陀又平貌

上聲●頗畧也

陰去⊙●破碎　跛足不正　叵難測　尀耐

陰入●粕糟｜　樸木　拍撲打也　璞石中玉　攴擊也　鏷生鉄矢　朴质｜｜實

陽平○

陽去● 擅 射中聲 萏 舂米聲

陽入○

他陰平● 拖 垂也

上聲● 妥 當安也

陰去⊙○

陰入● 託 付｜推｜ 托 墊 柝 木柳 籜 竹殼 拓 拆 手承物 蘀 落葉 橐 囊｜ 袥 衣裳｜肩

陽平○

陽去○

陽入○

曾陰平○

上聲● 左 右

陰去⊙● 佐 輔

陰入●作造| 濁清| 酢酸醬 倅仵|收尸人 擢拔|夆用 昨隔夜 柞木名 濯洗

陽平○

陽去●座位 坐立

陽入●鑿鑽|

日陰平○

上聲●儺有度平聲

陰去⊙○

陰入●諾允|應詞 訥言難出口 汭物入水中 掿擱

陽平●䵒黏 挪移 欏枝弱 哪梵音

陽去●懦 愞弱 糯酒米

陽入●㖠語詞

時陰平●繅繭絲 睃視 桫欏樹 挱 挲摩 梭机| 魦金|魚

上聲● 鎖鑰 瑣細 嗩屑

陰去⊙〇

陰入● 索繩| 縮不出頭 蹜足迫 响飲 嗍吮也

陽平〇

陽去● 鐲手環

陽入〇

鵞

陰平● 呵 歌應聲 妸娜

上聲● 河江| 何曷也又姓 荷蓮葉〇俱平聲 稿 槀禾麥之稈

陰去⊙〇

陰入● 惡不善 齷齪不淨 握把 幄帷| 沃灌也 喔咿| 剭刑| 偓佺古仙名 鋈白金 熗藏火

鵞水鳥 遏止也

陽平● 猗美盛 漪水美

陽去〇

陽入●啊愛惡聲 學效也

問

陰平●摸持弄也

上聲●魔鬼也平聲

陰去⊙〇

陰入●膜皮| 瞙目不明 莫不必 麼怎| 鏌鄉劍名

陽平●摩減又研也

陽去●磨礱

陽入●瘼癢疾 幕賓

語

陰平●

上聲●娥嫦| 莪术 哦吟| 峩嵳| 蛾蠶|〇俱平聲 我自稱

陰去⊙〇

陰入● ⿱敖風 風聲 齖 口中斷詞 諤 直言 訛吪 偽也誤也 愕咢 錯｜駭｜ 堮 圻｜ 隑 國名 蕚 花芽

鄂 姓 鍔 劍鋒 鶚 大鷹 遌 遇也 噩 嚴肅 俄 傾

陽平● 峩峨 山名

陽去● 餓 饑｜ 臥 睡｜ 囮 鳥媒

陽入○

出陰平● 蹉 跎 艖 小船 磋 磨 嵯 峨 搓 合手｜索

上聲○

陰去⊙● 錯 舍置 鎈 手鋸 鑢鐗 磨鉄之器 剉 斬草 挫 辱也

陰入● 逪 交｜亂也 炪 火光侵目 戳 枪｜

陽平○

陽去○

陽入● ⿰翟攴 舂築也 斮 刺也

非陰平●呵笑

上聲○

陰去⊙○

陰入●紇下絲 盍曷何不 霍姓 藿藜 貉狐| [盍+攴]敲| 齕齧也 翯鸟羽潔白

陽平●[口+靴]歔氣出

陽去●贺慶|又姓 合會| 鹤仙鸟 鷽山鹤 闔閭 盒盆| 狎親近也玩熟也又音匣 褐毛衣

陽入○

28陽字母

柳陰平○

上聲●良賢|平聲 兩分| 魎魍|山神 蜽蝄|水怪 俩伎|

陰去⊙○

陰入○

陽平●凉凍 量丨較 粱州名又姓 糧粮米丨 粱大粒米 ⿰足粱走也 樑棟 輬車閉也

陽去●亮光丨 諒小信 量度丨 喨嘹丨

陽入●兩 輛車輪

邊求陰平●姜齊姓 薑辣菜 麠大鹿 殭蚕

上聲●強勇平聲 襁負

陰去⊙○

陰入○

陽平○

陽去●⿱言畺詞屈

陽入○

氣陰平●腔口調 羌西域 ⿵門畺門周木也 彊 畺界也 韁馬轡 僵仆 ⿰扌畺扶也 ⿰目羌目病 匡圍又正也

眶眼丨 筐竹方器 框門丨 邼邑名 控告

上聲●強勉｜
陰去⊙〇
陰入〇
陽平〇
陽去〇
陽入〇
直
陰平●張開｜又姓 粻粮
上聲〇塲 場疆｜平聲 長尊｜ 萇木名 腸肚｜
陰去⊙●脹膨｜ 帳幃 賬數目 韔弓衣 瘬脹滿 漲大水
陰入〇
陽平〇
陽去●仗倚賴 丈十尺

陽入●杖（笞|）丈（夫）

坡他陰平〇

上聲〇

陰去⊙●暢（快）䕤𪏭（草盛）鬯（酒以香草和之）悵（不悦）

陰入〇

陽平〇

陽去●杖（老具）

陽入〇

曾陰平●章（文|又姓）璋（圭|）麞獐（小鹿）彰（貼|）嫜（姑）樟（木名）漳（水名）漿（水汁）漿（糊）

傽（徨|行不正）嶂（高山）障（遮|）將（未然欲然）

上聲●庠（序學名）祥（禎|）詳（細）翔（翱|〇俱平聲）蔣（姓）獎（賞）掌（管）鞝（縫皮）槳（櫓）

陰去⊙●將（師）醬（醋）瘴（厲病）瞕（目生翳）

陰入〇
陽平●墻牆廧牆垣 嬙女官 艢舡板 檣堆木 裳下衣
陽去●上下 匠工 ⿷匚鳥鳥
陽入●癢皮肉|
日陰平〇
上聲●娘呼女
陰去⊙〇
陰入〇
陽平●娘爹| 釀酒|
陽去●讓辭|
陽入〇
時陰平●商旅又相| 箱籠 相共 廂廊 湘瀟|二水 ⿰相鳥鳥名 傷損 襄贊| 鑲補 觴酒巵

薔藥名 勷劻| 殤夭亡 鑲饋 瓖玉名 緗淺黃

上聲●賞罰 想思| 鮝魚脯

陰去⊙●相宰| 像形容

陰入○

陽平○

陽去●尚高| 象星|獅| 像肖

陽入○

鴦陰平●央托人 泱水流 殃災| 鞅馬勒皮 鴦鴛| 旇旌 秧菜種 鼅龜屬

上聲●常暫反 錩輪鐵 嘗烝| 償還 嫦姮娥仙女 甞探味○俱平聲 養生| 謒讋| 影印物成形

陰去⊙○

陰入○

陽平●陽陰| 王帝| 揚表| 楊柳又姓 煬火化 烊火燒 暘日出 瘍瘡| 羊角獸 洋汪|

佯詐｜ 颺風聲 癢病｜ 霷十月 昜仝上 禓道士祭 鍚馬額前飾 徉徜

陽去● 恙病也 壤地 怏情不滿足 養供｜ 樣式 禳祈 爙火星 瀁蕩 攘除也取也 讓揖｜

陽入● 上升高

問語陰平〇

上聲● 仰望

陰去⊙〇

陰入〇

陽平〇

陽去〇

陽入〇

出陰平● 昌盛 閶閭 猖狂 菖蒲 鯧扁魚 娼妹女 鏘玉金聲 鶬鳳屬 倡率 鎗刀

謒語輕

上聲●搶奪

陰去⊙●唱和 脆易斷

陰入○

陽平○

陽去●鞝鞋 勨勉｜ ⿰象鳥鳥

陽入○

非陰平●香臭對 鄉里 麘麝｜

上聲●享 饗祭 餉粮食 響 响聲可聞

陰去⊙●向方｜

陰入○

陽平○

陽去○

陽入〇

29蟠字母

柳陰平〇

上聲●蘭蕙 鑾金|殿 臠切肉 闌殘也 攣拘| 孌美貌 欒人名 鸞鳳 巒山

瀾波|〇俱平聲 懶惰 嬾女惰

陰去⊙〇

陰入〇

陽平●欄杆 攔阻

陽去●爤粲| 殱敗 亂乱變| 孄斑|

陽入●涎口液音延

邊陰平●般一樣 搬移

上聲●槃交|平聲

陰去⊙●半不全

陰入○

陽平●盤盤盒弁小｜詩

陽去●畔田界

陽入●秤物相和叛背

求陰平●乾燥觀观看竿竹｜干求也杆欄｜官宦又姓榦支棺柩

鰥無妻冠冠首服琯玉名關閑津閉也又姓

上聲●寒冷○平聲管掌｜館舘舍菅宋地趕赶追｜稈禾稿管姓斡平斗斛

陰去⊙●慣久習貫串罐缶屬觀寺｜幹能也冠笄丱總角

陰入○

陽平○

陽去●汗人液

陽入〇

氣陰平●寬不隘

上聲●欵待　[艹+款]冬花　窾空也　盥洗手

陰去⊙〇

陰入〇

陽平〇

陽去〇

陽入〇

直陰平●丹赤色　端正　[艹+丹]草名　单硃丨　煓火盛　坍水衝岸壞

上聲●单孤丨　彈琴　團蒲丨丨圓　檀香木　壇場丨〇俱平聲　摔棄也

陰去⊙●誕慶生曰丨　旦早也　鴠求旦鳥鳴似鷄

陰入〇

陽平〇

陽去●弹弓

陽入〇

坡

陰平●潘姓|　磻溪石

上聲〇

陰去⊙●判|剖　詳巧言

陰入〇

陽平●蟠龍屈　⿱髟盤髮为髻

陽去〇伴結|　泮學宮　絆馬索

陽入〇

他

陰平●攤匀　灘水急處　擹賭錢

上聲●摶鵬　剸截斷　鏄鐵鐘　溥多露貌與溥不同　槫大木　鷒鷒|鳥名〇俱平聲　鍛　煅煉金　頽塌

陰去⊙●歎嘆息炭丨火
陰入〇
陽平〇
陽去〇
陽入〇
曾陰平〇
上聲●殘廢讒丨譖慚愧戕害〇俱平聲
陰去⊙●讚揚贊祝酇丨鄉瓚祭器趲行足繼繼饌殺
陰入〇
陽平〇
陽去〇
陽入●撰作纂丨修

日
陰平〇
上聲〇
陰去⊙〇
陰入〇
陽平●難艱｜
陽去●難災｜
陽入●餒凍
時
陰平●山土高珊瑚
上聲●刪削〇平聲傘禦雨筸椮刑手具產業
陰去⊙●散碎分
陰入〇
陽平〇

陽去〇

陽入〇

鶯陰平●安不動又姓 彎曲 灣水曲 鞍馬褥

上聲●還復也 鷳白—鳥 寒冷 寰畿內 環循— 嬛婢女〇俱平聲 宛轉 輓引車 莞小笑

琬琰 挽留 碗碟 婉美也順也

陰去⊙●按驗也 案卷 鮟魚名

陰入〇

陽平〇

陽去●焊火燒

陽入●旱久晴

問陰平〇

上聲●滿盈溢

陰去⊙〇

陰入〇

陽平●瞞味瞞騙鰻無鱗長魚饅頭麫為之

陽去●幔帳|蔓籐

陽入〇

語陰平〇

上聲●頑愚〇平聲

陰去⊙〇

陰入〇

平〇

陽去●玩翫賞|

陽入〇

出陰平●餐殮饗|食也痤病除筌取魚器

上聲●喘氣急鏟剷鼎|舛錯癬乾瘡揣度

陰去⊙●篡逆攥奪鑹短矛

陰入○

陽平○

陽去●燦光粲鮮好璨璀鰺魚澯清也鬖髮光竄逃纂集爨炊|

陽入○

非陰平●肝肺歡懽悅

上聲●掀揭起平聲

陰去⊙●漢國號又水名瀚海闊又水名

陰入○

陽平●鼾鼻息聲薨公侯死翰林又高飛也此字有平去二聲

陽去●煥光明貌 緩寬| 喚呼| 奐明貌 宦官| 渙水名 瑍玉名 患憂| 幻妖術
換兌| 豢芻|
陽入〇
30蛇字母
柳陰平
上聲〇
陰去⊙〇
陰入●劣優| 捋採取 埒等| 鋝廿兩 㪺平斛
陽平〇
陽去〇
陽入〇
邊陰平〇

上聲〇

陰去⊙〇

陰入●髮頭毛音法

陽平〇

陽去〇

陽入〇

求陰平●奇雙|

上聲●饑飢饿也平聲

陰去⊙●寄寓怪異

陰入●決断抉挑訣秘|決行水譎诈駃博劳鸟暨姓趹馬疾行鹦鹿形人面

陽平〇

陽去●揵肩舉物

陽入●跬不行 [illegible]獸不動 跂靠大直

氣 陰平○開合反

上聲○

陰去⊙●快速 氣聲｜｜力

陰入●闕宮｜又姓 缺少也 闋事已閉也詐也 玦玉不周 觖怨望 妜妬 蹶足跌颠覆 𦢊臂骨 趹足痛

厥语词 獗猖｜

陽平○

陽去○

陽入○

直 阴平○

上聲○

陰去○⊙

陰入●綴聯裰補丨

陽平〇

陽去〇

陽入〇

坡陰平〇

上聲〇

陰去⊙〇

陰入〇

陽平●皮革疲倦

陽去●被寢衾沚水泡

陽入〇

他陰平〇

上聲○
陰去⊙○
陰入●獭食魚狗
陽平○
陽去○
陽入○

曾

陰平○
上聲●纸 帋竹為之 薺苦菜
陰去⊙●漈岸邊
陰入○拙不才 茁草長 ⿱竹折晒器 輟停也結也 惙意不定 掇携也 剟削也 諁言多
陽平○
陽去●绝斷丨

陽入●绝高也

日陰平〇

上聲〇

陰去⊙〇

陰入〇

陽平●嬝嫋｜弱貌●撊两手相摩

陽去〇

陽入〇

時陰平●阺崖旁欲潰

上聲●髓骨中脂

陰去⊙●税課●说遊

陰入●雪霜｜●說話言

陽平〇

陽去〇

陽入〇

鶯

陰平〇

上聲● 飆 風吹物 蕨 草名可食

陰去⊙〇

陰入● 閲 觀 越 逾 悦 説 喜| 鉞 鈇 軏 車前曲木 杌 檮|

陽平● 蛇 龍|

陽去● 爲 助 衛 護

陽入● 舌 唇| [illegible] 枝重 捐 物将倒 跋 輕|

问

陰平〇

上聲● 尾 首|又宿名

陰去⊙○

陰入○

陽平○

陽去●妹 娣

陽入○

语

陰平○

上聲○

陰去⊙○

陰入○

陽平●鵝 家雁

陽去●外 内丨 艾 蒲丨 魏 国名又姓

陽入●月 年丨

出陰平●吹唱炊爨

上聲○

陰去⊙●脃毳不韌罿覆鳥具

陰入●歠啜大飲

陽平○

陽去○

陽入○

非陰平○

上聲○

陰去⊙●歲年纪

陰入●歇安丨

陽平○

陽去〇

陽入〇

31人字母

柳陰平〇

上聲●霖甘|琳美玉凌辱陵岡|臨監|夌超越㵳崊山谷崚嶒欶欺|

磷石水中潾水清嶙峋|蟒螢虫麟麒|獸王轔車聲遴選鱗魚甲隣里

麢羚大羊囹圄獄也鴒鶺齡遐|伶俐聆聽也憐憫昤曨日光泠獨行

蛉螟|桑虫靈感玲瓏佩玉聲燯爞火光欞明通也〇俱平聲檁屋上橫木懍敬慎凛冽廩倉|

陰去⊙〇

陰入〇

陽平●林樹|又姓淋漓绫羅痳小便難出翎羽毛苓茯|

陽去●令法另外

陽入〇

邊陰平● 賓客 蠙蚌名 濱水涯 檳榔 繽紛 兵戌| 豳地名 邠地名 嬪妃

彬斌文質相和

上聲● 平太|又姓 伻僕 枰棋局 萍水瓢 評批| 貧無財 凴據 胼牛羊脂 凴院几 凭倚也

帡幪 ⿰并力大力 骈臻 苹蘋〇平聲 丙光明又干名 炳明著 稟報 秉持 箳竹| 屏風

陰去⊙● 殯葬 柄把| 鬢頰鬢 屏逐 臏刖足 擯棄 儐接賔

陰入〇

陽平〇

陽去● 擯斥也

陽入● 並 竝比| 併合一 并兼|

求陰平● 今古 金玉又姓 京師 經綸 涇渭 惊憂 鯨大魚 荆楚国號 勍强也

上聲● 鹹鹽味 勤勞 懃殷| 琴瑟 岑山小而高 禽獸 瓊美玉 芩黄| 夐独行 ⿱竹几独立

檎果名 蠄蠦|○俱平聲 璟玉名 紧急 锦繡 景光 瑾美玉 僅少也 謹慎 饉饑|

憬悟 暻明 警戒 儆 鄞邑名 巹合|交盃

陰去⊙●敬恭| 禁止

陰入〇

陽平●兢戰|不安貌 襟裾

陽去●覲朝| 競争| 脛足骨 妗舅妻 徑小路 境界内 靳姓 勁直也 陘邑名

陽入〇

氣陰平●倾側又|銀 钦命又|敬 卿相 矜誇 衿領 嶔嶔 衾被

上聲●顷刻 頭田百畝为一|

陰去⊙●庆喜| 磬鍾| 罄空

陰入〇

陽平●擎手举 擒拿

陽去〇

陽入●謦咳聲

直陰平●貞正 禎祥 楨幹 窋貯棺屋 徵証也 懲戒 砧擣衣石 珍寶

上聲●陳久也又姓 停止 霆雷丨 廷朝丨 庭家丨 蜓蜻丨 埕酒丨 澠淄二水名 繩索俱平聲 頂頭丨

鼎釜属 趂越履

陰去⊙●镇壓

陰入〇

陽平●沉溺 塵埃

陽去●朕帝稱 椗舡具 霴雲丨 [illegible]撞也 陣 陳戰丨 烔炊丨

陽入〇

坡陰平●[illegible]磅踏地聲 [illegible]命閩也

上聲●顰眉蹙 嚬笑 蘋繁 瀕水涯 頻常也〇俱平聲 品評丨 頩顏容美 牝畜母

陰去⊙〇

陰入〇

陽平●砰水打石聲

陽去●聘招丨娉婷丨騁馳

陽入〇

他

陰平〇

上聲●裎露體之貌平聲挺超拔梃杖也珽笏也町田路逞矜誇自恃脡脯乾肉郢地名艇小舡

鞓皮帶

陰去⊙●聽耳聞賺賣貨得利

陰入〇

陽平〇

陽去〇

陽入〇

曾陰平●真寔 针縫衣具 精微 蒸 烝薰 津液又関| 睛眼| 征伐 怔惧

斟酌 臁 鯖烹肉 晶日光 旌旗 珍寶 侵犯 箴戒 葴草也

上聲●情性| 尋覓 秦國名又姓 蓁禾名 溱水名 蟳蟹屬 螓似蟬而小〇俱平聲 振起 賑濟

枕卧具 軫宿名 整齊 拯 拼救 䫈頭後骨 寢寤寐 震動又卦名

陰去⊙●晉進也國名又姓 浸入水 榗木名 瑨美石 溍水名 縉紳 症病| 進前行 政事

證 証驗

陰入〇

陽平〇

陽去●儘 藎忠| 浄潔| 燼火餘 靖静 沁水冷 賮餞別之儀

陽入●盡竭力

日陰平〇

上聲●嚀（叮｜平聲）忍（耐）

陰去⊙○

陰入○

陽平●人（指眾）仁（果中核）

陽去●認（記｜）佞（讒｜）吝（慳｜）藺（草名又姓）甯（所欲又姓）

陽入●耳（司聽）栮（木｜菜名）駬（騄｜良馬）

時陰平●伸（屈）申（獻也又支名）身（軀）心（思）娠（懷孕）呻（吟）紳（縉｜）升（門又登也）陞（降）

薪（柴也）新（不舊）騂（赤色牛）觪（弓角）辛（甘又姓又支名）莘（草名）

上聲●神（鬼）宸（帝居）娠（孕）辰（時）晨（早｜〇俱平聲）鴆（食蛇毒鳥）審（問）嬸（叔妻）哂（微笑）

听（仝上俗作聽非）沈（姓）

陰去⊙●聖（賢）騰（敗）信（親｜）囟顖（頭腦）

陰入○

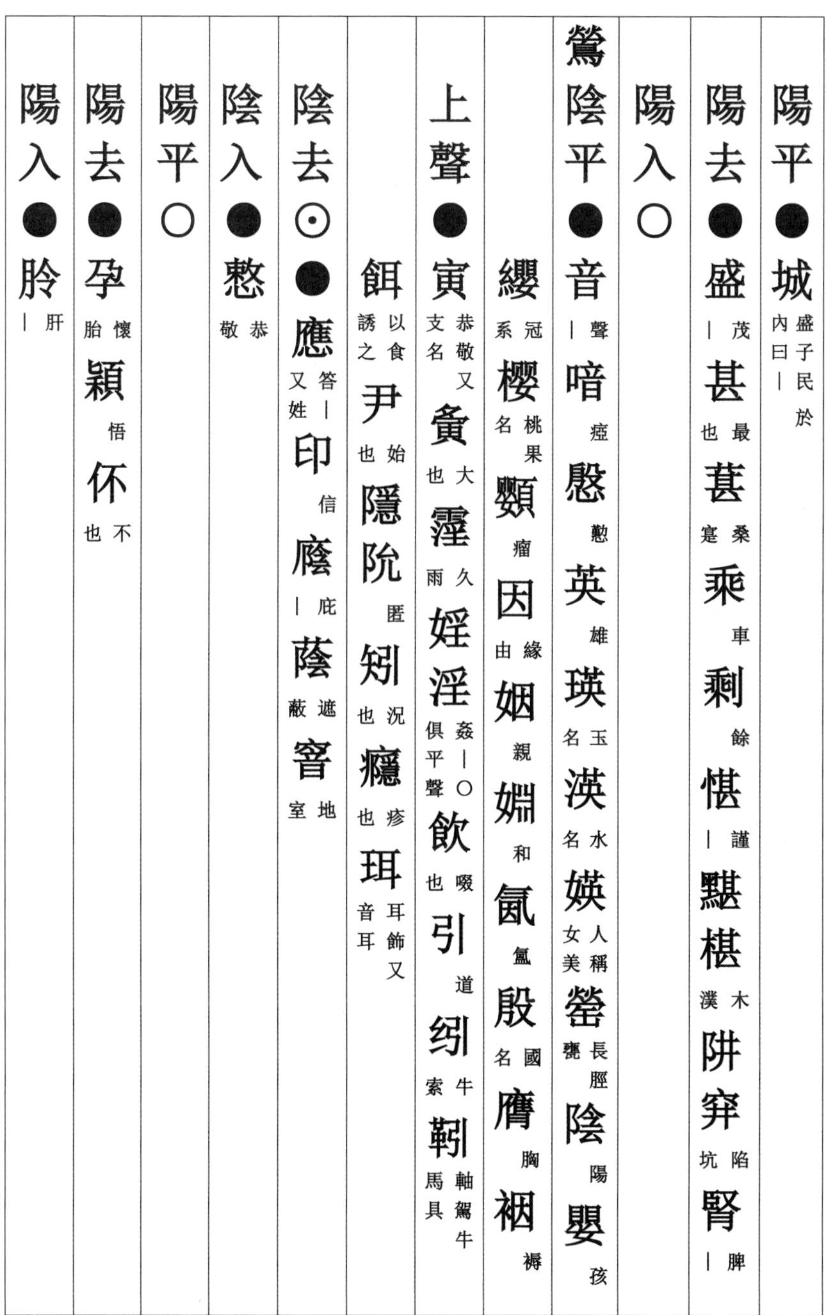

陽平●城盛子民於內曰丨

陽去●盛茂丨甚最也葚桑寔乘車剩餘愖謹丨黮椹木漢阱穽陷坑腎脾丨

陽入○

鶯

陰平●音聲丨喑瘂慇懃英雄瑛玉名渶水名媖人稱美女罃長脛甖陰陽嬰孩

纓冠系櫻桃果名癭瘤因緣由姻親婣和氤氳殷國名膺胸裀褥

上聲●寅恭敬又支名夤大也霪久雨婬淫姦丨○俱平聲飲啜也引道紖牛索靷軸駕牛馬具

餌以食誘之尹始也隱阭匿矧況也癮疹也珥耳飾又音耳

陰去⊙●應答丨又姓印信廕庇丨蔭遮蔽窨地室

陰入●憖恭敬

陽平○

陽去●孕懷胎穎悟伓不也

陽入●肣肝丨

問陰平〇

上聲●明光| 盟訂| 萌草初生 旻秋天 鳴叫也 螟蛉桑上虫 铭刻 洺水名 冥幽| 闽福建

甍雕|覆屋 民百姓 瞑閉目 蓂蓂草〇俱平聲 敏捷 閔傷也又姓 抿刷理髮具 皿器| 酩酊|

黽勉 茗茶 愍痛也 泯滅 泯汲也 殙眩 憫恤也 暋強也 鰵海魚 昬謚也

慜恤也 頣强

陰去⊙〇

陰入〇

陽平●眠睡

陽去●命委令 鲶魚名

陽入〇

語陰平〇

上聲●嚚頑惡 迎接 吟詠 誾和悅貌 垠廊 凝結〇俱平聲

陰去⊙○

陰入●狺犬聲

陽平○

陽去●吟歌丨

陽入○

出
陰平●親戚 蜻蜓化生飛虫 菁莪 穪 稱 称呼 深 沵淺 清潔 琛美石

上聲●成敗 臣君丨 承接 丞相 晟明也 誠信 珹玉名 郕魯邑 忱誠也○俱平聲

陰去⊙●秤知輕重 清寒 沁水冷

陰入○

陽平○

陽去○

陽入○

非陰平●興起也 蕻菜名 鄳地名 馨香

上聲●形容 刑法 邢國名又姓 硎砥石 型模○俱平聲

陰去⊙●焮炊|

陰入○

陽平●眩頭|

陽去●歆羨平聲 釁 衅血塗器 欣 忻喜 興情|

陽入●歆唾聲

32 販字母

柳邊

求氣

直坡

他曾

日時

鶯陰平○

上聲●几非丨煩勞礬石樊籠又姓寰畿內繁多蘩蘋丨焚火燒藩屏丨環玉名

鬟丫丨○俱平聲晚早丨挽留梵佛音輓引車桓武貌

陰去⊙○

陰入○

陽平○

陽去●萬數名又姓𠔿萬古

陽入○

問

語

出

非陰平●畨外國膰祭月飜翻覆燔炙旙幡旐
上聲●反變也眛也返還也
陰去⊙●販運泛濫
陰入○
陽平○
陽去○
陽入○

33柴字母

柳陰平○
上聲●勞功丨憥心力乏牢堅固捽緊閉嚠嘈○俱平聲老多壽䇭篣丨竹器恅心亂貌
陰去⊙●潦行丨
陰入●撈取沉水物

陽平●牢獄 癆癳傷病 膠錢也 流水行下又音留

陽去○

陽入●了了畢

邊

陰平●包容又姓 胞胎

上聲●跑急走 袍長衣 笣竹名 苞草名 堡山間小城 庖廚 齙 䪨樂器○俱平聲 寶貝 飽食足

保守 鴇鳥名似雁 褓襁丨束小兒衣

陰去⊙●報答 颮惡風 ⿰目包目怒 ⿰氵吝喜言人惡 豹虎丨 爆杖又丨竹 譒傳丨

陰入○

陽平○

陽去○⿰包支手繫人頭 鉋用以正木

陽入●暴戾 懪乍 虣強侵 謈謈惡也 ⿰月暴皮破肉現

求

陰平●膏脂 糕餅 羔胎羊 臯高士 交接 高下反又姓 ⿰山臯山名 蛟龍 鮫鮹魚名 郊社

鵁似鳧膠魚丨跤趾國蕎槳

上聲●絞罪人丨死縞清白也筊箸⿸疒高⿸疒老大疥藁草蒿草名槁枯丨皜白貌犒賞軍士皦潔貌

稿槀木桿皎潔胶丨油

陰去⊙●誥詔告訴教訓較校比量筶神棹丨杯窖窖丨覞久視

陰入○

陽平○

陽去○

陽入○咬齧

氣陰平●跤足尻脊盡梁處

上聲●考攷精察拷打

陰去⊙●魺魚丨靠倚丨熇烘火吱繫⿱山告舟着沙

陰入○

陽平●敲擊又音蹺

陽去〇

陽入〇

直陰平●刀利器 魛魚

上聲●濤大浪 陶樂而自得又姓 桃櫻｜ 淘沙｜ 梼杌 翿舞器 燾覆照 逃迯避 鼗有柄摇鼓 萄葡｜ 裪衣袖 綯绞也 ⿺風壽風也〇俱平聲 禱祈｜ 倒起｜ 島海山

陰去⊙●到至也 倒傾｜順｜

陰入〇

陽平〇

陽去●導引

陽入●道德又地也 盜賊 恒怪｜

坡陰平●抛撤 枹果名

上聲〇

陰去⊙●炮統｜ 砲礮石 爆杖 炰煎｜ 皰面瘡 櫜張大

陰入〇

陽平〇

陽去●泡水｜ 鮑魚｜ 雹龍雨 抱摟 咆哮

陽入〇

他陰平●叨蒙也 韜劍衣 縚絲線為飾 慆慢 滔水大貌 條絲｜ 幍巾帽 咷哭聲 瑫玉名

上聲●討尋取

陰去⊙●套圈｜

陰入〇

陽平●桃 [illegible]李 洮水名

陽去●蹈踐 稻谷

陽入○

曾 陰平●遭遇

上聲●巢鳥居 曹輩又姓 剿勦征｜ 窠穴○俱平聲 早蚤先也 爪足 棗果名 悍哀

陰去⊙●罩籠｜ 笊篱

陰入●竈灶鼎床

陽平●漕以水通輪 槽馬｜ 鏪銀｜ 曹綱也

陽去●嘈啣｜

陽入●造詣 皂隸又黑色

日 陰平○

上聲●惱煩｜ 瑙瑪｜ 碯樟 腦頸髓 ⿰食𡿺熟食 撓屈｜ 遶環 繞繚

陰去⊙○

陰入○

陽平〇

陽去●鬧喧|

陽入〇

時陰平●艄艘舡戶 搜撿 筲斗| 捎掠 弰弓末 梢枝末 搔撓 慅憂愁

上聲●嫂兄妻 掃埽除塵 稍漸也少也

陰去⊙●燥乾| 壻叁|又音束

陰入〇

陽平●哨戍防盜處

陽去〇

陽入〇

鶯陰平●鑣烹煮 鏖盡殺

上聲●高低又音羔 毫厘 嘔吐 譹哭 豪俠〇俱平聲 懊惱 𡡉妒 襖夾衣 柪屈木

陰去⊙●拗不順奧隅
陰入○
陽平○
陽去○
陽入○
問
陰平○
上聲○
陰去⊙○
陰入○
陽平●毛羽又姓秏冬毳眊瞎|
陽去●貌容|帽巾|[忄冒]貪媢妒耄老[氵冒]水漲瑁方玉冒假| |犯
陽入●卯茂也支名昴宿名泖水名又音柳

語陰平○

上聲●遨遊 驁駿馬 翱翔 獒犬也 餚肴饌 敖姓 淆混丨 猇虎咬物聲 嗷眾口爭語聲○俱平聲

陰去⊙○

陰入○

陽平●鼇 鰲鯨魚 厫米倉 爻卦丨 熬煎 鐃鈸 虓貓聲

陽去●傲驕丨 樂喜好 鏊鼎丨 奡古之力士

陽入○

出陰平●操持又丨練 抄移寫又丨掠 懆憂 臊臭氣 鱢魚腥

上聲●草艸木 炒煎丨 ⿰口草寥丨寂靜無人 鬻炒仝

陰去⊙●操琴曲 糙粗米 慥篤寔 噪鵲鳴 炒鬧又草音 躁急丨 譟羣呼 鈔錢丨 藻水草 懆惱

陰入○

陽平●柴 薪｜

陽去○

陽入○

非陰平●哮 咆｜ 颩 風聲 斅 教也

上聲●好 美｜

陰去⊙●耗 消｜ 好 喜｜ 孝 順

陰入○

陽平○

陽去●昊 夏天 號⿰号虒 記｜ 皜皓 月明 効 勞也 聕 耳順 灝 水勢曠遠 浩 蕩 悎 惧 顥 大也 晧 明也 俲 法也 效 驗也 蒿 草名可充艾把

陽入●敋 犬吠

34 南字母

柳陰平○

上聲●覽觀也　欖橄—　攬包—　懶嬾惰　嚂貪口也　菼草名

陰去⊙○

陰入○

陽平●藍青—又姓　襤繿褸　嵐山—　襤繿身長貌　鑶鈴声

陽去●濫汎—　婪貪—　⿰貝監貪財　⿰女監貪—

陽入●攬摟抱

邊陰平●梆守夜所敲

上聲●棚架　輣車聲　龐高—又姓○俱平聲

陰去⊙●柄把—

陰入○

陽平○

陽去●病疾｜

陽入●掽搕撞⿱髟疋踏聲

求陰平●羹调｜更點筻篼

上聲●哽吞｜埂田｜減捐也骾骨刺趕赶追｜桿木｜

陰去⊙●監生｜督｜降下｜｜級鑑鑒察也

陰入〇

陽平〇

陽去〇

陽入〇

氣陰平●堪任也坑壍轗軻

上聲●刊刻龕佛厨〇俱平聲坎卦名砍伐侃剛直亢人頸也又宿名

陰去⊙●嵌合碎瞯窃視闞窺｜又姓

陰入●紺赤色

陽平○

陽去●看覰也 抗達也

陽入○

直

陰平●担 擔荷也 聃老子 鄲邯丨地名

上聲●甜 甛甘味 擔負荷 酖樂酒 躭仝上 談論言又姓 譚大也又姓 痰涎丨 郯國名○俱平聲 點畫

膽肝丨

陰去⊙●店鋪也

陰入○

陽平●湛樂之久 眈樂也 簟竹飲器

陽去●憚忌丨畏也

陽入●淡 澹濃反 但凡丨 苐仝上又草名 醰無味

坡陰平●伻合

上聲●髈蟹○平聲

陰去⊙○

陰入○

陽平●彭姓丨又音朋蟚蜞

陽去●丼物投井中

陽入●閛閉門聲軯車聲

他陰平●湌沒也貪酷攤開

上聲●毯氊毛褥坦平丨忐忑心虛𩒨面平貌欿不悅貌袒襢露體菼似葦而小寔中

陰去⊙●探視

陰入○

陽平●鐔握手劍鼻磹山名䏙恬味馾香氣

陽去●趲 趱

陽入〇

曾陰平〇

上聲●簪 拴髻器〇平聲 井 水| 箄 椮 手刑 斬 砍斷 贊 無味

陰去⊙●站 馹

陰入〇

陽平●晴 無雨

陽去●棧 貯貨屋 塹 劉 鑿也 鏩 小銀鑿

陽入●暫 未久 靜 靖 動反

日陰平〇

上聲●胮 肥|平聲 赧 面愧貌 揇 搦也 戁 敬也

陰去⊙●婻 美也

陰入○

陽平●南北 喃呢丨燕聲 諵多言 男女丨 楠 枏柴

陽去●念誦

陽入○

時

陰平●生死反 杉架屋木 衫单衣 牲犧 三 叁數名

上聲○省儉

陰去⊙●訕謗毀 疝膀光病 槮簷

陰入○

陽平●籃竹丨 ⿰犭單噬餘

陽去●⿰參殳繫丨

陽○

鶯

陰平●俺自稱

上聲●降服 絾封固 咸皆也 函容 涵水漸也 含 啣口| 御職| 莖條數 晗微視

鋡甲也 桁屋上|條○俱平聲 ⿰面干 ⿸厂幵黑面

陰去⊙○

陰入○

陽平●唵佛語

陽去●餡粿餅中肉料

陽入○

問 陰平●鞔鼓 ⿱穴皿封固

上聲●尨犬也 ⿰忄尨愚也○俱平聲

陰去⊙○

陰入○

陽平●瞑黑夜 ⿰禾巳 芒粟刺 铓鋒|利

陽去〇

陽入〇

語陰平●猗犬聲

上聲●昂軒| 印我也 ⿰木昂角屋 ⿱⺮卬竹杖〇俱平聲

陰去⊙〇

陰入〇

陽平●巖岩山水大石

陽去〇

陽入〇

出陰平●青皂色 滲漏 糝雜也 參叅差長短不齊貌又|謁 鯖魚名又音烝通作⿰月丞

上聲●醒睡| 慘憯悽|

陰去⊙●讖經| 懺⿰忄戠仝上又悔| 鰺魴魚 黲黑色 塹坑|遶成水也

陰入●鬆髮光

陽平●鄒地名　獑猢似猻　朁蚕蜚吐絲虫

陽去○

陽入●錚鈸聲

非陰平●蚶海味　酣半醉　邯鄲

上聲●㘋爭訟聲○平聲　喊叫　闞怒聲　僴威嚴　頷腮｜

陰去⊙●悍強惡　匵桶又音亢小杯也

陰入○

陽平○

陽去●陷坑　憾怨　鹹飽也　撼搖動

陽入○

35橋字母

柳陰平○

上聲●僚同班輩 瞭目明 暸明也 了完畢盡也 燎火照 寮同|官 嘹亮 鷯鷦 遼遠 撩美

憭曉解 聊語辭 寥寂|○俱平聲

陰去⊙●蜆似蚌而小 㪷平斗斛

陰入○

陽平○鐐美白金又孔爐

陽去●料理 廖姓 繚線成|

陽入○

邊陰平●標木梢末也 驃勁疾又勇 幖幟 鑣馬嚼鐵 儦眾行 驫馬飛奔

上聲●表奏章又外也 裱褙 婊妓女

陰去⊙●俵散也 賷散帛與軍 譒傳|

陰入○

陽平〇

陽去〇

陽入〇

求陰平● 驕傲 嬌美女

上聲● 簥樂器 藨蓮 翹企 澆灌沃 喬木樹也又姓 蕎麥 僑寄寓 蕘取薪 嶢山名〇俱平聲

皎潔 攪擾亂 狡猾 佼美女 姣媚 譑多言 繳免斬 疝腹痛 矯假也 皦白貌

陰去⊙● 橋架木跨水

陰入● 叫嗚也

陽平〇

陽去● 轎 軗肩輿 撬舉也起也 蕌蒜類

陽入〇

氣陰平● 蹺蹊 橇禹泥行所乘之物 敲 [illegible]繫

上聲●巧奸 鳶鳥名

陰去⊙●竅孔丨 齂仰鼻 ⿸广高高屋 礉石不平

陰入○

陽平○

陽去●⿺尢高不安平

陽入○

直

陰平●朝清晨互也 凋零 彫琢又殘也 蜩寒蟬 雕鷲鳥 雕刻 啁鳥鳴 貂鼠 刁頑

上聲●朝廷 潮汐○平聲 趒⿺走周雙足并起

陰去⊙●釣鈎

陰入○

陽平●調和 條小枝

陽去●召呼也 肇戟也 調腔丨

陽入●趙（國名又姓）兆（吉徵）肇（始初）旐（旗|）吊弔（問喪）

坡陰平●顠（髮白也）飄（風飛）旚（旗|搖動）漂（流）螵（目梢魚骨）瞟（目病）

上聲●莩殍（餓死人也）摽（繫也）

陰去⊙●瞟（白色）

陰入○

陽平●漂（水洗）薸[艹浮]（水上浮萍）[艹瓢]瓢（老匏殼）

陽去●票（紙|張）

陽入○

他陰平●超（拔）挑（撥）[兆刂]（剔）佻（獨行）祧（祖庙）

上聲●窕（窈|）誂（戲言）搽（換）

陰去⊙●糶（賣谷）艅（登舡板）嘲（戲）

陰入○

陽平〇

陽去●跳躍 眺遠望 頫衆来曰丨

陽入〇

曾陰平●招手呼 昭明 憔顦悴 釗遠也弩也 焦傷火 蕉芭丨 鷦鷯 樵採 椒胡丨

譙城楼 噍多言

上聲●泎水落地貌

陰去⊙●詔勅命 醮祭名又娶也 [礻焦]仝上 照炤曜 瞾武后名

陰入〇

陽平〇

陽去〇

陽入〇

日陰平〇

上聲●	鳥飛禽
陰去⊙	〇
陰入	〇
陽平●	鐃豐足
陽去●	尿小便
陽入	〇
時陰平●	消除也 蕭條又姓 銷鎔 簫笙｜ 瀟湘二水 宵夜也 霄雲｜ 硝磺 魈獨足山｜
	蛸螵｜ 逍遙
上聲●	小不大 少不多
陰去⊙	〇 鞘刀｜ 笑咲喜而開顏 嘯吟 肖生｜
陰入	〇
陽平	〇

陽去〇

陽入〇

鶯陰平● 么少也 夭少好 腰身後之中 妖孽 [illegible]長|蜂 邀扳招

上聲● 堯唐帝 嬈嬌媚貌 韶樂名 遙逍| 瑤瓊| 徭役 謠歌| 陶臯| 姚美好〇俱平聲

夭 殀無壽 晁姓

陰去⊙● 要緊|

陰入〇

陽平● 窰泥屋 搖動 飖飄

陽去● 曜日光 耀 燿照| 鷂鷙鳥 要求也

陽入● 紹繼也 邵高也又姓 劭勸勉

問陰平〇

上聲● 秒芒微 杳茫 淯水深不測 杪木末 渺遠也 緲微也 眇微視 藐小也 [illegible]呼妻曰|

邈曠遠淼大水

陰去⊙○

陰入○

陽平●貓捕鼠獸苗禾媌奸也描画

陽去●廟庙神居妙玅神化不測

陽入○

語陰平○

上聲○

陰去⊙○

陰入○

陽平●鐃豐足又姓虠猫聲

陽去○

陽入〇

出 陰平● 鍫 鍬 鐵| 燒 火焚

上聲● 瞧 偷視

陰去⊙● 誚 訕| 肖 克|

陰入〇

陽平〇

陽去● 俏 俊美 悄 憂也

陽入〇

非 陰平● 徼 僥 倖 驍 騎 梟 惡鳥又斬首 囂 無欲自得 嘐 言雜 枵 飢也 㛎 女侈

上聲● 曉 諭又|晚

陰去⊙● 救 拯援土音

陰入〇

陽平●嘵多言嘫氣健

陽去〇

陽入〇

36過字母

柳陰平〇

上聲●裸裎露臂貌

陰去⊙〇

陰入〇

陽平〇

陽去〇

陽入〇

邊求陰平●瓜匏類菰草名鍋釜也

上聲● 寡少也 剮碎割 剕割 果然 菓花|

陰去⊙● 卦占卜 掛挂懸| 罣牽| 詿誤 絓结糸 過失 褂⿰巾夸袍|

陰入● 郭外城又姓 槨外棺 ⿰石郭石棺 廓大也 ⿰阝享縣名 适疾也 ⿰谷攵手打

陽平● 過經|

陽去○

陽入● 欱飲也

氣

陰平● 科派又登| 堁土塊 蝌蚪 ⿰糸科文彩 堝傾銷銀| 刳剖 胯兩腰 顆粒 窠鳥巢 侉驕奢 戈干| 誇矜言 姱好也 ⿰忄夸心大 咵言戾 夸纨| 荂花榮 骻髀骨 跨騎

上聲○

陰去⊙● 課國|

陰入○

陽平○

陽去○

陽入○

直坡他曾陰平●抓（搔癢）攎（五指取物）

上聲○

陰去⊙○

陰入○

陽平○

陽去○

陽入○

日時陰平○

上聲●耍（玩｜）灑（洒以水噴地）

陰去⊙○

陰入〇窋爬丨

陽平〇

陽去〇

陽入〇

鶯

陰平●娲女丨娃美女騧䯄良馬蛙鼃蝦蟆哇吐⿰口窊啼聲倭夷人劃价蝸虫名

洿汙下地窩穴萵菜名窶藏⿰土過賊筒

上聲●和龢順華麗丨又姓⿰虫華水蛇驊騮馬鷨似鷄

陰去⊙〇

陰入

陽平〇呆小兒啼聲

陽去●曰言也

陽入〇畫画西描丨畫撇丨又音弗瓦砖丨

問語陰平〇

上聲〇

陰去⊙〇

陰入●骩膝骨聲 ⿰骨齒髑骨聲

陽平〇

陽去〇

陽入〇

出非陰平●花 華草木⿱髟盍开 譁喧｜

上聲●伙家伙 夥伴

陰去⊙●化变｜ 貨物 魤魚 沎水名

陰入●法 灋則又刑｜ 筏竹排 髮头毛 ⿰矢去矢也 活生 擭机檻正音 伐征｜ 豁開｜ 垡耕起貌

閥閲 乏空｜ 疺瘦也

陽平〇

陽去●和喝|禍⿰衤戈⿰衤固患畫图|⿰畫鳥鶥

陽入●囥进舡聲